[美]威尔·亨特 ——— 著

陈耀庭 姜易琳 ——— 译

我们脚下的
人类历史

地下世界

Under
Ground

A Human History of the
Worlds Beneath Our Feet

中国出版集团 现代出版社

版权登记号：01-2021-1313

图书在版编目（CIP）数据

地下世界：我们脚下的人类历史 / (美) 威尔·亨特著；陈耀庭, 姜易琳译. —— 北京：现代出版社, 2021.4

ISBN 978-7-5143-8913-5

Ⅰ.①地… Ⅱ.①威… ②陈… ③姜… Ⅲ.①科学知识–普及读物 Ⅳ.①Z228

中国版本图书馆CIP数据核字(2021)第037892号

地下世界：我们脚下的人类历史

著　　者	［美］威尔·亨特
译　　者	陈耀庭　姜易琳
责任编辑	姜军
出版发行	现代出版社
地　　址	北京市安定门外安华里504号
邮政编码	100011
电　　话	(010) 64267325
传　　真	(010) 64245264
网　　址	www.1980xd.com
电子邮箱	xiandai@vip.sina.com
印　　刷	鑫艺佳利（天津）印刷有限公司
开　　本	880 mm×1230 mm　1/32
印　　张	7.75
字　　数	151千字
版　　次	2021年5月第1版　2021年5月第1次印刷
书　　号	ISBN 978-7-5143-8913-5
定　　价	69.00元

感谢我的父母自我出生以来，
在地表世界给我的关怀与陪伴。

偏爱躲藏是人的天性。

———

赫拉克利特，《残篇》

目录

第 一 章

下 降

人世间还存在另外一个世界，但它确实属于这个世界。

——保罗·艾吕雅 [1]

---

[1] 保尔·艾吕雅(1895—1952)，法国著名诗人，超现实主义运动的发起人之一。

无论去向何方，你都能发现另一个世界的踪迹。迈出家门，你可以听到脚下的地铁隧道、电缆以及长满青苔的地下水管和气压管道的嗡鸣声，它们就像巨型织布机上的丝线，交织重叠为一曲乐章。街道尽头的僻静一隅，蒸汽从通风栅中袅袅升起。这蒸汽可能来自流浪者位于隐秘隧洞中的简陋棚屋，或上流人士为逃避世界末日而用密实的混凝墙围做的隐秘地堡。你若长久漫步于宁静幽寂的牧场，在你用双手轻抚过的芳草萋萋的土丘下可能深藏着古老部落王后的墓穴，抑或掩埋着拥有长蛇形脊柱的史前怪兽的化石。你若远足于林荫小径，俯身贴耳于泥土之上，会听到蚂蚁掘洞时的疾跑声，它们挖出的细小而带有螺纹的通道连接了被埋葬的大都市。沿着山脚向上跋涉，你可以闻到细长山缝中散发出的泥土芳香。这样的山缝预示此处隐藏着大型山洞，洞中石墙上描画着古老的木炭画。无论你走到哪里，脚下的每一步都能让你感应到来自地底最深处的震颤，地底的巨型石体相互移动、彼此摩擦，连整个星球都为之颤抖。

如果地球表面为透明状态，我们就可以俯卧凝视这片神奇的层状地形。但是，我们是地表居住者，生活在阳光普照的世界之中，永远见不到地下世界的模样。有关地下世界的词语——Hell（地狱），起源于原始印欧语系中的"kel-"，意为"隐藏"。在古希腊语中，"Hades"（希腊神话中的冥界）意为"看不见的世界"。现如今，我们拥有新式的设备——探地雷达和磁力仪等装置来帮助我们将地下世界具象化，但是，即使是我们所得的关于地下世界最精确的图像，也依然因拍摄距离遥远而显得模糊。我们只能如但丁那样，眯起双眼望向深处，吟唱着："你是如此黑暗／幽深而又朦胧，即使我倾尽全力／把双眼低垂，也不能望到你的／一点形态。"在这种晦暗不明之中，地下世界成了我们星球上最抽象的风景，而且总是比外太空具有更多的隐喻性。我们描述某物为"地下"——如一个非法的经济体、一场秘密的狂欢、一位无籍籍名的艺术家时，通常只是想表达一种被禁止的、不能诉说的或者超出人类认知常态的感觉。

戴安娜·阿克曼（Diane Ackerman）写道："我们的眼睛是'全部感官的最大垄断者'。"身为视觉动物，我们遗忘了地下世界，是地表沙文主义者。最负声望的探险家们四处冒险，抵达过月球，指引过漫游者前往火星上的火山，绘制过遥远外太空的电磁风暴图。但是，人类却从未如此接近过地下空间。地质学家认为地球上仍有超过半数的洞穴深埋于难以穿透的地壳之下，有待发现。从我们所处之地到地球中心的距离相当于从纽约到巴黎的路程，然而，地核却是一个未知的黑箱模型，我们深信它的存在。科拉超深钻孔曾是人类挖掘地下世界的最深的钻孔，位于俄罗斯境内的北极地区，深 7.6 英里（约 12.23 千米），却还不及地表到地心的距离的百分之一的一半。地下世界是人类的鬼怪之地，无法被肉眼看见，却呈现于脚下每一个方寸之间。

　　我小时候就知道地下世界不是永恒隐没的，某些人可以揭开它的面纱。我的父母有一本旧版的《多莱尔的希腊神话书》，我从中读到了奥德修斯（Odysseus）、赫拉克勒斯（Hercules）、俄耳甫斯（Orpheus）和其他英雄的故事。他们冒险穿过地上崎岖的入口，乘坐卡戎（Charon）的渡船横渡斯提克斯冥河，战胜三头犬刻耳柏洛斯（Cerberus），最终抵达黑暗之地——冥府。在众多的神话人物中，信使之神赫尔墨斯①（Hermes）最让我着迷，他头戴翼盔，脚穿翼鞋，是执掌边界和门槛之神，负责接引亡灵进入冥界。（赫尔墨斯有一个非凡的称谓——“送魂者”，意为“亡灵接引神”。）在其他的神明和凡人都必须遵守宇宙的界限时，他却可以自由穿梭于光明和黑暗之间、地狱和人世之间。赫尔墨斯将成为我地下之旅的守护神，因为他才是一位真正的地下探险者，能够以优雅、明晰的身姿穿越黑

---

　　① 赫尔墨斯，古希腊宗教和神话中的神。赫尔墨斯被认为是神的使者，也是人类使者、旅行者、小偷、商人和演说家的保护者。他能够在凡界和神界之间快速而自由地移动。

暗，目睹地下世界的真实面目，拾得地下深藏的智慧。

十六岁那年夏天，我突然发觉我的世界很小，小得就像我熟知的自己的指尖。这时，我发现了一条废弃的火车隧道。我当时住在罗得岛州的首府普罗维登斯，这条隧道就从我所居住的社区下面经过。起初，我是通过学校的科学老师奥特了解到它的。奥特老师身材矮小，蓄着浓密的络腮胡子，知晓新英格兰大地上每一处隐秘的沟壑。他告诉我，这条隧道曾是一条小型的货运线，但那已经是多年以前的事了。如今，该隧道已沦为一片废墟，地上遍布污泥和垃圾，空气中弥漫着污浊的气息，也不知道还有什么其他东西。

一天下午，我发现了隧道的入口。它位于一家牙医诊所的后面，掩映在一片灌木丛之下。入口处藤蔓缠绕，混凝土质的墙体上方刻着"建于1908年"。政府以一扇金属门封闭了入口，但是已有人偷偷地划开了一条小小的通道。顺着这条通道，我和我的几个朋友一起爬到了地下。手中的手电筒光束在黑暗中相互交叉映照，脚下泥泞不堪，空气中充斥着沼泽散发出的湿气。隧道洞壁上方簇积着许多似珍珠和婴儿奶嘴般的钟乳石，湿气凝聚形成的水珠滴落在我们的头顶上。走到一半的时候，我们一个个都大着胆子关掉了手里的手电筒。隧道完全陷入黑暗时，我的朋友们以尖叫的方式来测试洞内的回音能传至多远。但是，我只是屏住呼吸，静静地站在那里，仿佛一旦我稍有移动，就可能直接从地面飘起来似的。那晚回到家后，我打开一幅普罗维登斯的老旧地图仔细查考，指尖在地图上从我们进入隧道的入口慢慢划向隧道尽头的出口。突然，我眨了眨眼睛，因为想到这条隧道似乎刚好从我家房子下面经过。

那年夏天，在没有其他人的日子里，我总会一个人穿上靴子到隧道里散步。我不知道是什么吸引我到那儿去的，但是我一次次地前往也确实没有带着任何特殊的任务。在隧道里，我会观摩洞壁的涂鸦或者把旧的麦芽酒瓶踢得往四处滚动。有时候，我还会关掉手电筒，只是为了看一看在我的神经紧绷之前，我可以在黑暗中忍受多久。从某种程度上来说，我对自己了如指掌。我知道，我才十六岁，经常在隧道里散步完全不符合我的天性。我缺乏自信，骨瘦如柴，齿缝宽大，脸上还挂着一副图书管理员才会戴的眼镜。那时，我的伙伴已和异性初尝云雨，而我的卧室里竟还摆放着宠物树蛙养育箱。我在书中阅读他人的冒险经历，却从未想过自己去单干一场。但是这条隧道却袭扰着我的内心，夜深人静时，我躺在床上，想象着有条隧道穿街而过。

一场暴雨送走了那个夏天。彼时，我刚刚爬进隧道的入口，突然，前方的黑暗中传来一阵让我猝不及防的隆隆声。出于警觉，我应当转身折返，但最终还是不顾越来越大的响声，决心前去看个究竟。到了隧道深处，我发现了响声之源：在洞壁的上方有一条裂缝，也许是管道破裂或者渗漏所致，水像瀑布一样倾泻而下。在水流倾落的正下方，我看到了一个倒置的塑料沙滩桶、一个油漆桶……各种倒置的容器堆在一起：油桶、啤酒罐、特百惠塑料罐、煤气罐和咖啡罐等。它们共同组合成一个巨大的集群。这神秘的情形像是由某位陌生人安排的一样。水流锤击着这些器皿，唱出了一曲回音之歌，而我立于黑暗之中，寸步难移。

此去经年，我已几乎忘却了那段在隧道中漫步的过往。我告别了普罗维登斯去上大学，生活也在继续。但是，我对隧道的旧日情结却从未全然消失。它就像一粒种子一样，在隐匿的泥土里静默地生根、长大、成熟，最后破土而出。那段与隧道有关的记忆也在我的心底年复一年地萌发、生长，直到很久以后，我多次出乎意料地邂逅纽约的地下世界，这段久远的隧道回忆和脑海中那些神秘的水桶、圣坛终于再次浮现在我的眼前。它一出现，就猛烈地抓住了我，颠覆了我的全部想象，也彻底改变了我对自己的认知，以及认知自我在世界上所处位置的方式。

我开始爱上了地下世界的静默和回声，爱上了前往隧道或者洞穴的旅行。即使它们极其短暂，也让我感觉自己像是逃往了一个平行世界，就像儿童读物里的主角穿过宏伟的大门，消失于神秘的世界一样。我热爱地下世界，因为这种汤姆·索亚①式的历险记给我带来欢快的心情；它让我勇于与恐惧对峙，这正是人类天性中永恒而基本的情感。我喜爱讲述与地下世界有关的故事，讲述那些于城市街道下发现的遗迹以及洞穴深处残存的仪式。我的讲述也自然而然地引起了朋友们惊讶的目光。

---

① 《汤姆·索亚历险记》是美国小说家马克·吐温于1876年发表的长篇小说。小说的故事发生于19世纪上半叶美国密西西比河畔的一个小镇上。主人公汤姆·索亚天真活泼、勇于探险、追求自由，幻想干一番英雄事业。

最让我痴迷其中的是那些受地下世界吸引而来的空想家、远见者和怪人，他们受到塞壬之歌①的引诱，投身于地下世界进行探索、艺术创作或者潜心祈祷。我想我能理解他们的这种沉迷，至少愿意去理解。下行到黑暗之处，我想我也许能够发现一种不同于常理的启示。

　　多年以来，我四处游说以募集资金。我先是说服了一个研究基金会，再是几家杂志社，后来是一家图书出版公司来赞助我展开相关调查。我利用这些资金在世界不同的地方探索地下空间。十多年来，我爬入过地下的石头墓穴、废弃的地铁站、神圣的洞穴和核能地堡。这场探索以破解我内心之所思为诉求：随着一次次地潜入地下，我与地下景观之间形成了共鸣，同时，一个更加具有价值的故事出现了。我察觉到我们所有人，即整个人类，总能感受到一种来自地下的静默的引力，我们与地下世界的联系就像我们与自身的影子一样密不可分。自我们的祖先初次讲述他们赖以生存的土地的故事起，我们脚下的洞穴和其他空间就充满着让人恐惧又着迷的魔力，并在人们心中激起了梦魇和幻想。地下世界就像一条隐秘的主线，以一种微妙而深刻的方式贯穿人类的历史，指引着我们如何看待自己，并且塑造了我们的人性。

　　地下世界缓缓地以细小的缝隙不断拓展着，突然之间就

---

　　①　塞壬之歌。塞壬又译作"西壬"，是古希腊神话中人、鸟各占身体一半的生物。她拥有天籁般的歌喉，常用歌声诱惑过路的航海者而使航船触礁沉没。

变成了我们脚下的一道暗门。它初次开启于一个夏天。那时，我刚在纽约安顿下来，在曼哈顿的一家杂志社工作。我和我的叔叔、婶婶以及两个表弟——罗素和格斯一起住在布鲁克林。在过去数载的少年时光里，我总是想象着自己有一天能成为一个纽约人，可以满心激动地在曼哈顿的漫漫长夜里穿行，吸收每扇窗户中散发出的点点灯光。当我终于来到纽约时，却发现自己难以融入这座城市，它像有一个厚壳一样难以穿透。我瑟缩在人群中，结结巴巴地和酒馆老板交谈，搭乘地铁时下错了站却羞于张嘴问路，只能像个乡巴佬一样在布鲁克林毫无头绪地游走。

　　一天深夜，在我对纽约这座城市深感恐惧时，我正在曼哈顿下城等候地铁。我站在其中一个深陷的站台上——在夏夜，这里几乎能闻见花岗岩基岩的气味。这时，令人困惑的一幕映入我的眼帘：黑暗的隧道里走出两个年轻人。他们戴着头灯，脸上和手上沾满了煤灰，就好像在一个深穴里爬了好几天才出来一样。他俩快步走上铁轨，爬上了我正前方的站台，然后消失在了台阶上。那晚，我坐火车回家，额头抵在车窗上，呼出的气体弄湿了面前的玻璃，脑海中一直想象着街道下隐藏着一个完整而隐秘的蜂巢空间。

　　纽约人组成了一个松散的城市探险者联盟，这些戴着头灯的年轻人是联盟的成员。他们潜入禁止进入的、隐匿的城市地下空间，以此为乐。不同的人群组成了这一探险王国。他们有些是历史学家，以记录为这座城市所遗忘的宏伟之地；有些是激进者，他们擅自闯入这里，以象征性地收回纽约的企业化空间；还有一些是艺术家，他们在这座城市鲜为人知的地层里组装秘密装置，进行表演。在最初的几个星期里，我走在纽约的街头时总是没有归属感，因此我开始彻夜研究探险者们拍摄的隐秘之地的照片。照片拍摄的场景里有弃用了几十年的地铁站，有供水系统中的深阀室，还有落满灰尘的废弃的防空洞，看这些图片就像观赏迷失的水怪游弋于深海，颇有奇异和神秘之感。

一天夜里，我在研究一位探险者的档案时，吃惊地发现有一张照片拍摄的正是我童年之时在普罗维登斯探索的那条隧道。那逐渐消失在黑暗中的单轨及刻写在入口上方的"1908年"的字样，我都已遗忘了数年之久。这次偶遇带来的亲密感让我几近忧虑，就像有人来到我的心底深处打开了一扇舱门，令所有埋藏已久的记忆汹涌而出。据我了解，这位摄影师名叫史蒂夫·邓肯①（Steve Duncan），他英俊潇洒、才智过人，还可能为人疯狂。他将成为我前往地下世界的首位向导。

一天下午，在前往纽约布朗克斯区进行勘查的途中，我和史蒂夫相逢了。当时，他正在筹划一场穿越布朗克斯区陈旧的下水管道的短途旅行。史蒂夫长我六七岁，黄头发、蓝眼睛，体形瘦长，就像一名攀岩者。他自从在哥伦比亚大学读书起，就已经开始了他的地下探索之旅。他会偷偷穿过校园地下四通

① 史蒂夫·邓肯是纽约的一名城市探险家。他曾广泛探索纽约的下水道系统和其他隧道，如纽约市地铁系统和贯穿纽约市的铁路隧道。史蒂夫还探索了巴黎、伦敦、米兰、罗马等地的下水道和隧道。

八达的蒸汽隧道。一天夜里，史蒂夫扭动着身体费力地穿过了墙上的一个通风口，进入了一个杂乱地堆积着腐朽的科学仪器的房间。曼哈顿计划的雏形就产生在这个储藏室里。一台鳞茎状的绿色机器立于房间中央，这就是曼哈顿计划中的原始粒子加速器，它是历史遗留下的奇珍异宝，隐匿于人类的视线之外。

史蒂夫迷上了地下探索，他立刻调换专业，将工程学改为城市史学。学习之余，他开始探索火车隧道，后来穿上了高筒防水胶靴，蹚下水道，不久以后还攀爬到吊桥最高点并拍摄了纽约市壮丽的鸟瞰全景照片。多年以来，史蒂夫视自己为一名游散的历史学家兼摄影师。他对这座城市的基础设施情况了如指掌，令人惊叹。（尽管史蒂夫研究纽约市下水道的方式并不合法，但是负责监管工作的环保部门依然愿意时不时地雇用他。）史蒂夫的形象介于书呆子和逃犯之间，他十分瘦削，讲话还留有少年时期口吃的痕迹，但是喝起酒来却像码头上的工人。他的嘴角总是挂着女人喜爱的坏笑，走起路来也总是昂首阔步，自信非凡。年轻的时候，史蒂夫的腿骨患上了一种罕见的骨癌，几乎让他丧命，这种经历令他做每一件事都饱含热忱并充满紧迫感。他可以彻夜不眠，细数城市井盖上浮雕里的各式各样的首字母缩略词所隐藏的含义，或者详细地阐释19世纪欧洲废水处理系统的流量变化，然后出门去酒吧喝酒、打架。

那天下午，我们在下水道箅子间东拐西拐，打开手电筒照亮地下世界以追寻管道的走向。途中，史蒂夫如数家珍地谈论着纽约隐藏系统的拼图。他把纽约城想象成了一个不断蠕动、触角密布的庞然大物，而地表的居民只是看到了它的冰山一角。史蒂夫的使命就是使人类和世界隐藏的那一面再次相连。他甚至希望每座城市的井盖都是用玻璃制成的，这样人们就可以随时凝望地底。

史蒂夫说："大多数人都是从两个维度走过世间，他们不知道脚下到底有什么。在你看到地下世界的时候，就会明白这座城市是如何运行的。不仅如此，你还会看到自己在历史长河之中所处的位置，并奋力地融入这个世界。"

我在史蒂夫身上看到了一种赫尔墨斯式的精神：他总能发现地形地貌的细微差别。沃尔特·惠特曼①（Walt Whitman）在《草叶集》中曾写道："我相信很多肉眼不可见的事物同样存在于此。"史蒂夫看到了那些不可见的事物。我也想看到。

我初次潜入地下的经历平淡无奇，我只是步行穿过了西部隧道。西部隧道为探险家和涂鸦艺术家所熟知，也被称为"自由隧道"，位于曼哈顿上西城的河边公园之下，全长大约4000米。

某一夏日的清晨，我来到125街附近的钢丝网栅栏前，穿过上面的一条豁口溜了出去，前往西部隧道的入口。这个入口十分宽阔，大约6米高，12米宽。隧道内部并不是漆黑一片，而是暗沉沉的。每隔一段距离，洞壁上方会出现一扇矩形的通风栅，它们就像大教堂的窗户，会将柔和的光束引进来。我静

---

① 沃尔特·惠特曼（1819—1892），美国著名诗人、人文主义者，创造了诗歌的自由体，其代表作品是诗集《草叶集》。

静地漫步其间，穿过曼哈顿中城，看不到其他人影，如同置身于梦中。

大约走到一半的时候，我忽然看到一幅巨大的壁画，它有30多米长，是由一位和隧道同名的自由艺术家绘制而成的。我在对面欣赏着这幅画，感觉它似乎在光线中颤抖。一阵微风吹过，遥远西侧的高速公路上喧嚣的车声混杂着公园里的鸟鸣，响彻我的耳边。

随后，我看到火车巨大的前灯光束自隧道尽头向我照射过来。我蜷伏下身子，背抵着墙壁，感到脚下有一声深沉的低音震颤而来。然后，一束强光、一股飓风、一阵咆哮倏然而至，穿过我的肋骨，使我为之颤抖。我并没有处在真正的危险之中，铁道与我保持着约 4.6 米的安全距离，但是，我蜷伏在那里时，恐惧使我的躯体发颤，我的头脑似乎在燃烧。

那个下午，我走出隧道，翻过哈得孙河附近的栅栏。我感到自己和这座城市的关系正在开始发生改变。在地面上，我遵循着狭窄的感官经验，反复沿着单一的轨迹在住所和工作地之间过着两点一线的生活。在地面下，我跳脱了那些限制，以一种全新的、发自肺腑的方式与这座城市紧紧相连。那时，我感到如梦初醒，仿佛第一次与纽约这座城市眼神交会。

前往地下世界，爬入纽约城的体内，成了我向自己证明我归属于这座城市，并了解这座城市的方式。我满足于自己能够向土生土长的曼哈顿的朋友们讲述他们所不知晓的社区地下的古老金库。在沉陷的街巷深处，我很享受观赏这座城市的纹理的过程，这些纹理是地面上的人们看不到的。那里有古老的涂鸦符号、摩天大楼地基里的裂缝、攀伏在墙上的奇异霉菌，以及隐匿于裂缝中的皱巴巴地塞着的几十年前的旧报纸。纽约城和我分享着秘密，我仔细检查着隐藏的抽屉，阅读它的私密信件。

一天晚上，在布鲁克林海军船厂附近，史蒂夫在路面下水道的检查井旁边放置了一个橘色的道路障碍锥，然后用铁钩打开了井盖，蒸汽便从中袅袅而出。我们顺梯而下，两手交替地抓着黏糊糊的梯级，下至污水收集器的位置。这台收集器大约3.6米高，浅绿色的水汩汩流入中心。空气温热，我的眼镜立刻蒙上了一层雾气。在看到一串串黏糊糊的细菌——人们亲切地称之为"鼻涕虫"——悬摆在头顶上方后，我犹豫了。但是，下水道并没有我想象中那么恶心。那气味与其说像粪便，倒不如说像泥土。这使下水道如同装满肥料的农家饲养棚。我们手电筒的灯光照射在一排排"肥沃"的污物上，它们看着就像河中的块块沙洲，上面生长着一小丛一小丛的白化蘑菇。在季节性的迁移中，鳗鱼会游过这样的水域。

史蒂夫告诉我，绿色的水流会融入沃勒包特小河。这是一条古老的水道，位于现已被封锁的布鲁克林海军造船厂，最后注入沃勒包特湾。你可以在1766年的地图上找到这条小河，但是随着这座城市不断向外扩张，这条小河已被强行掩埋于地下，从人们的视野当中消失。

站在地面上，我感觉纽约城就像一头粗犷而精力充沛的动物，低吼着、咆哮着，从各个不同的孔窍中喷薄蒸汽、倾泻人群。

但是，身处地下，看着一条古老的小溪静静地淌过我的脚边时，我感受到了这座城市的宁静和脆弱。这种感觉亲密得令人羞赧，就像观赏他人睡觉似的。

凌晨三点，我们爬回梯子，穿过洞开的检查井，重回清新冰冷的空气中。我们刚出现在地面时，一个骑自行车的年轻人便急忙掉头绕过了我们。他滑行了一下，然后转过身来，气喘吁吁地问道："伙计，你们是干什么的？"

史蒂夫站直身体，挺起胸膛，仿佛立于舞台之上，然后仰着脑袋念起了罗伯特·弗罗斯特[①]（Robert Frost）《城中小溪》中的诗句：

> 溪流翻滚
> 进入石头下面幽深的地下水道
> 在恶臭与黑暗中依然存活，且流动着
> 它做这些或许不为别的，
> 只是为了忘记恐惧。

每一次地下旅行都会获得关于这座城市更多的信息，揭露一个新的秘密，这足以让我更加深陷其中，无法自拔。我坐在地铁上，手中拿着笔记本，眼睛望向窗外，记录下墙上裂缝的位置，那里很可能通往废弃的站台，或者涂鸦艺术家所说的"幽灵车站"。我追随着地下溪流的路线寻找着某些地方，在那里可以把耳朵贴近下水道孔盖倾听地下水流的潺

[①] 罗伯特·弗罗斯特（1874—1963）是20世纪最受欢迎的美国诗人之一。

潺之声。我的衣柜里挂满了高筒防水胶靴和沾有泥浆的衣服，背包里也总是带着一盏头灯。我越来越慢地穿行于这座城市中，因为想要停下来仔细看看地铁通风孔、下水道检查井和建筑基坑，努力拼凑出这座城市的内部结构。我脑海中的纽约地图开始变得像一个珊瑚礁，布满了隐藏的褶皱、秘密的通道和看不见的地带。

　　有段时间，我神志失常地穿梭于纽约城里，想象着街道上每一个检查井、每一个黑暗的楼梯井和舱门都是通往另一层的入口。我在布鲁克林高地发现过一座褐沙石房屋，它的门是工业用钢制成的，窗子也都被遮挡了起来，除此之外，它看起来与街区里的其他房子并没有什么不同。其实这座房屋是一个通往地下地铁的隐蔽的通风井。在苏豪区的泽西街，我还发现了一个老旧的检查井，打开后向下便能通往一条名为"克罗顿渡槽"的旧输水隧道。1842 年，就是在这里，四名男士驾着一艘名为"克罗顿女仆"的小木筏，在黑暗中开启了一段超过 64 千米的艰险的地下旅程，从卡茨吉尔山脉抵达了曼哈顿。在布鲁克林的大西洋大道之下，我还参观过一条早在 1862 年就已被废弃的火车隧道，但是直到 1980 年，人们才彻底遗忘了它。那时，当地一位名叫鲍勃·戴蒙德（Bob Diamond）的十九岁的年轻小伙爬下了一口检查井，发现了一个带有回音的巨大的空心洞穴。（摄影师争相拍摄鲍勃爬行穿过这条废弃的隧道的身影，该发现让整座城市都沸腾了起来，并让人们陷入了短暂的痴迷之中。）在布朗克斯区的一座小岛上，我加入了一支寻宝队，搜寻一捆丢失的赎金。据说，某歹徒绑架了查尔斯·林德伯格[①]（Charles Lindbergh）的孩子，然后把赎金埋在了此地。传闻，地铁系统里藏着一些阴森可怖的房间，我顺着谣传到了那里，发现墙上刻着已有百年历史的涂鸦。此地长久被人遗忘，未有来客踏入，因此一旦音量高一点，就会引得大量沙尘自房顶倾落而下。我在曼哈顿中城找到了一所老房子，据说房子的半地下室的地板上有一个洞，向下可以通往一条流动的河流。白天，老人们会坐在河边垂钓鳟鱼。我经常讲述这些故事，朋友们都听厌了，他们也确实有理由感到厌烦，因为散步时，我一有机会就会情不自禁地为他们讲地下探险的故事。

有时地下探险遇到的危险甚至让我自己都胆战心惊、后怕不已。深夜里，我会跨过竖立在地铁站台尽头"禁止入内或穿行铁轨"的标牌，偷偷地走过狭窄的人行通道，然后跳上铁轨。那里黑得伸手不见五指，在夏夜里热得像火炉。头一次，我是拉着我的表弟罗素一起去的。我们在黑暗中奔跑到两站中间时，感觉空气在轻微地颤动，随后震颤之感比音速稍慢，自脚下传来。我和表弟低声道："火车来了。"我们能听到铁轨之间卡紧的声音，随后看到一盏巨大的火车前灯自隧道拐弯处出现，照亮了隧道墙壁。我们爬回狭窄的人行通道，然后在火车呼啸而过的时候蜷缩在紧急出口的凹室里，火车带起了一阵猛烈的

---

① 查尔斯·奥古斯都·林德伯格（1902—1974），又译作"林白"，美国飞行员。

大风，大风几乎能把人吹倒。不久之后，我便开始独自前往地下，开启冲动而即兴的短程旅行。在派对过后或在图书馆待了一晚后，我会在深夜的站台等待，看着火车迎面驶来，但是在最后一刻，我总会让路放它过去，然后跟着它步入隧道深处的黑暗中。每次我都"侥幸生还"，看到了从奔驰而过的车轮下飞出的蓝色火花，我的耳朵也因火车的轰鸣声而短暂失聪。深夜，我恍恍惚惚地走回家中，脸上沾满了钢铁粉尘，感觉身体从内而外仿佛刚从一场梦境中苏醒。

一天晚上，一位火车售票员在隧道里发现了我。我来到站台，发现两名纽约警察正在那里等我。他们是年轻的多米尼加小伙子，一位又矮又胖，另一位又高又瘦。他们压着我的胳膊把我按到了墙上，然后把我背包里的东西全部倒在了地上。虽然他们有各种理由来逮捕我，但最终还是把我放了。我坐在街边的长椅上，感觉自己既狼狈又愚蠢。我心里清楚，如果我不是白人，那么那天准会被戴上手铐。但即便在那天晚上，我走在回家的路上时，还是会停在街道上，盯着下水道孔盖和检查井看。

在最黑暗的地层中，我还遇到了"鼹鼠人"①，这些男女无家可归，居住在纽约城中隐蔽的角落和地窖里。一天晚上，我和史蒂夫、罗素及其他几个城市探险者在一起。我们遇见了一个女人，她名叫布鲁克林，在地下住了三十年。她脸上长满

---

① 有许多游民露宿于河边公园的隧道，他们被称为"鼹鼠人"。

了麻子，长发绺高高地堆在头上。她的家是一间隐藏在隧道檐下的凹室，她将其称为"小冰屋"。屋里摆放着一张床垫和几件歪歪扭扭的家具。那天是布鲁克林的生日，我们相互传递着一瓶威士忌，她唱了一些蒂娜·特纳和迈克尔·杰克逊的歌曲，一时之间，大家都笑了。后来的事情有点出乎意料，布鲁克林的歌声变成了胡言乱语，她的眼前开始出现幻象。后来，她的男朋友来了，这人也叫布鲁克林。不知怎么回事，两人吵了起来，吵嚷和尖叫声刺破了夜幕。

时间一长，我便不再向家人和朋友讲述我的地下之旅。我发现自己越来越难以回答他们的问题：我一直在地下寻找什么？

一天晚上，史蒂夫告诉我："我想给你看样东西，但是你要向我保证不会向别人泄露一个字。"

大约两点的时候，我们打算从布鲁克林某处的派对离开。史蒂夫带我进入一个地铁站，然后沿着狭窄的人行通道往前走，我紧紧地跟在他后面，直到他突然消失在黑暗中。当我听到他的声音时，才意识到他溜入了墙上一个隐秘的入口。我步入入口，来到一个巨大的黑暗空间。这是纽约城神圣的地下空间中的一个，是一个巨大的回音洞。这个回音洞被一层极薄的膜状物与人世隔开，而完全不为人所知。

史蒂夫带我来到房间中间，把手电筒照向地板。那是一块矩形的瓷砖网格地面，大约1.8米长、1.2米宽，上面覆盖着厚厚的灰尘。我们朝瓷砖吹气，便浮起一片烟尘。我发现自己在盯着一张地图看，那是一张纽约市的地铁线路效果图，这座城市的每个地铁站的墙壁上都有它的身影。地图上的布鲁克林和曼哈顿呈现出米黄色的块状轮廓，火车线路自淡蓝色的伊斯特河①蜿蜒而过。但是，这张地图仅展示了那些不可见的地方，至于人们熟悉的地标，则通通未做标注。纽约有很多经验丰富的城市探险家花了多年时间来深入这座城市的底部，他们把照片贴在地图上，每一张都能展示一个隐匿于人们常规视野之外的地点，它们可能是一条下水道、一座渡槽、一个"幽灵车站"……我蹲在地上，研究着这张隐秘之城的地图，内心十分激动。这间屋子就是一座圣殿，拥有我多年以来在纽约城地下寻觅的一切。然而，与此同时，我对内心的兴奋却生发出了一种奇怪的疏离感，就好像脑袋里并不是很熟悉的部位在嗡嗡作响。

当我伫立于这座城市之下的尘埃深处时，那一刻，我意识到我对自身与地下空间的关系所知甚少。其实，我对人类与地下景观的联系也知之不多，而这种联系可以追溯到人类历史上最为微小的模糊迹象。

莱昂纳多·达·芬奇曾在意大利托斯卡纳地区徒步旅行。他在缓慢地经过几块相连的巨石时，遇到了一个洞口。站在入口的阴影下，达·芬奇感到有一阵凉风拂过面庞，他凝视着黑暗，发现自己进退维谷。他后来写道："我内心生发出两种相反的情绪，一种是恐惧，一种是欲望，我既害怕这座可怕的黑暗洞

---

①　伊斯特河是美国纽约连接上纽约湾与长岛湾的通航海峡。

府，又想一探究竟，看看里面是否藏着什么令人惊叹之物。"

自人类诞生伊始，我们就一直生活在山洞和地下洞府之中。长久以来，这些空间唤醒了我们的心灵，并使之产生了一种复杂而困惑的情感。进化心理学家认为，我们的祖先与地貌建立起来的最为古老的联系从未完全消失，它紧密地连接着我们的神经系统，会从我们无意识的本能反应中显露出来，并继续支配着我们的行为。生态学家戈登·奥里恩斯（Gordon Orians）称这些残存不消的冲动为"过去环境中留存的进化幽灵"。在我前往纽约地下的旅行中，每次往黑暗的隧道口内或者下水道检查井下窥视时，我都会无意识地细细察看。这种本能的继承源于祖先对幽灵的冲动，他们很久以前便蹲伏在黑暗洞穴的入口，思考着要不要下去一探究竟。

我们在地下自然算是外星人。自然的选择让我们可以想象到各个方面，包括新陈代谢的需求、眼睛的晶格状结构、大脑的深层凝胶状结构等，它们都适应于地面的生活，而不适于前往地下空间。科学家把漫射光在洞穴中能照射到的地方称为"暮色地带"，将超出照射范围之地命名为"黑暗地带"。"黑暗地带"是大自然的"鬼屋"，是人类无数恐惧的植根之地。这里是某些生物的家园：毒蛇会从洞顶猛冲而下，蜘蛛有吉娃娃那般大，蝎子的尾巴带着尖刺。我们天生就惧怕这些生物，因为我们的祖先往往因其丧命。大约直到一万五千年前，世界各地的洞穴变成了洞穴熊、洞穴狮和剑齿虎的居所。也就是说，除人类存在的最后一刻外，我们每次遇到一个洞口，都会做好防备以防一个食人怪冲出黑暗。

即便是在今天，我们凝视地下时，也能感受到自己由于惧怕黑暗中的捕食者的出没而产生的忽隐忽现的恐惧。

在非洲大草原上，我们为了生存而不断进化，白天出去狩猎和觅食，到了晚上，夜间捕食者会悄然而至，黑暗总是让我们紧张不安。但是，在但丁①所说的"看不见的世界"中，地下的黑暗足以让我们的整个神经系统分裂。在近代欧洲，进行洞穴探险的先驱们猜测，长期身居地下黑暗之中会对他们的精神造成永久性的摧残。就像17世纪的一位作家记述的他在英国萨默塞特郡的一个洞穴内的探险一样："我们开始害怕去洞穴。虽然进去时，我们嬉闹着，十分欢乐，但回来后，可能就变得悲伤而忧郁了。尽管我们仍生活在这个世界上，但却可能再也没有人能看到我们放声欢笑了。"在某种程度上，这种现象的真实性已经得到了证实。正如神经科学家所证明的那样，长时间沉浸在绝对的黑暗之中会导致多方面的精神失常。20世纪80年代，一位探洞者在婆罗洲的姆鲁国家公园的一个名为"砂拉越洞穴"的地下世界中探险时，进入了一个极其广阔的洞穴，这是世界上最大的洞室之一，它足以容纳十七个足球场，人们甚至连岩壁的踪影都见不到。当这位探洞者漫无目的地走在无边无际的黑暗之中时，陷入了一种麻痹性的惊恐状态，不得不由同行伙伴引导出洞。探洞者把这种因受黑暗刺激而发作的恐慌

---

① 但丁·阿利吉耶里（1265—1321），意大利中世纪诗人、欧洲文艺复兴时代的奠基者，以史诗《神曲》闻名于后世。

情绪称为"狂喜状态"。

封闭的感觉也会让我们精神失常。在所有噩梦中最可怕的一个情景可能是我们被囚困在一间地下室中，四肢受到限制，与光线隔绝，地下室的氧气也在不断减少。古罗马哲学家塞涅卡[①]（Seneca）曾描述一队深入地下的银矿勘探者：这些人在地底遭遇了一些"足以把他们吓得发抖"的状况，其中一个便是一大片"悬挂在他们头顶的土地"所带来的精神压力。患有幽闭恐惧症的"桂冠诗人"——埃德加·爱伦·坡[②]（Edgar Allan Poe）也表达过同感："没有什么事件能够比生理及精神同时遭遇不幸更具恐怖性……让人无法忍受的肺部压力，令人窒息的潮湿土地散发的烟气，与死亡气息紧紧伴随的空间，深夜不可动摇之黑暗，如大海般压倒性的静默……"在任何一个地下空洞中，当我们想象着洞顶和岩壁正在向自己逼近时，即使没有一场恐慌风暴来袭，我们也会感受到一种比较反常的反射性刺激。

从根本上来说，我们最害怕的是死亡。我们对黑暗地带的所有厌恶都和对自身死亡的恐惧交织在一起。根据在以色列卡夫泽洞穴中的发现，人类至少从十万年前起就开始将死者安葬于黑暗的洞穴之中了，而我们的祖先尼安德特人在此之前便已经如此行事了。在世界各地的宗教传统中，对死亡之境的描述

[①] 塞涅卡（公元前4—公元65），古罗马政治家、斯多亚派哲学家、悲剧作家、雄辩家。

[②] 埃德加·爱伦·坡（1809—1849），19世纪美国著名诗人、小说家、文学评论家，美国浪漫主义思潮时期的代表人物。

都映照着洞穴的黑暗地带，那里的游魂在无边无际的黑暗中飘荡穿梭。即使是一些没有洞穴的，也没有与实体地下空间有所接触的文明社群，比如，生活在卡拉哈里沙漠或者西伯利亚平原的居民，他们同样也讲述天上地下的神话故事，故事中的地下之域也挤满了游魂。每当我们越过一个洞穴的入口，就会本能地对自身最终的死亡产生一种不祥之感，因为我们触及了生命的禁忌话题。

然而，当我们蹲伏在地下空间的边缘时，确实会想要下去一探究竟。那天，在意大利的托斯卡纳地区，莱昂纳多·达·芬奇确实爬向了地下的黑暗里。（在黑暗地带的深处，他发现了一具嵌在洞穴岩壁上的鲸化石，这件事一直萦绕在他余生的思绪中，让他难以忘却，并不断地启发着他。）事实上，地球上每个我们能够进入的洞穴里都留有我们祖先的足迹。考古学家们曾匍匐穿过法国洞穴内泥泞的通道，沿河畅游过伯利兹城的地下长河，还在肯塔基州的石灰岩洞穴里跋涉了数千米。他们在每一个地方都发现了古人的痕迹化石。古人们费力地爬行于地下的岩石缝隙中，用松枝火把或者油灯来照明道路，以穿过幽暗之地。我们的祖先在那里偶然遇到了一个与世隔绝的超出了他们认知范围的异域之地。这个世界比任何夜晚都更加黑暗，回声隆隆作响，石笋像野兽的獠牙一样从地上尖利地拔起。前往黑暗地带旅行很可能是人类最为古老的连续性文化实践活动，考古证实它可以追溯至几十万年前，甚至在人类诞生之前便已存在了。没有哪一种传统是单一存在的，就像神话学者埃文斯·兰辛·史密斯（Evans Lansing Smith）写的那样："把我们作为人类团结在一起，比向下前往地下世界更为重要。"

因此，在开始剖析自己对纽约地下世界的痴迷时，我发现自己被裹挟在一个更大、更古老、更普遍存在的奥秘之中。尽管最基本的进化逻辑告诉我们不要前往地下，尽管在地下我们会与一个个危险近距离接触，尽管我们与生俱来的恐惧感齐声敦促我们待在光明之地，尽管死亡甚至对我们发出了本能的召唤，但我们精神中埋藏着一股冲动，它带着我们走向黑暗。

多年以来，我四处旅行，游走在纽约和世界各地的偏远角落，在缠绕着我们和地下景观的复杂关系中，追随着每一条线索。我走过现代城市地下阴冷潮湿的通道，来到更为古老、更为荒芜的地底洼地，最后进入了远古自然洞穴的黑暗之中。每到一处，我都跟随着另一位地下爱好者，他是赫尔墨斯的化身，通晓地下世界，能公然游走于地上地下。

哲学家加斯东·巴什拉[①]（Gaston Bachelard）曾在《空间的诗学》一书中写道："到地下室就是到梦中。那就像迷失在遥远的令人费解的词源学的通道里，寻找着在单词中找不到的宝藏。"在神话、历史、艺术、人类学、生物学和神经科学中追溯人类和地下世界的关系时，我发现了一种象征物——一片和水、空气以及火一样于人类经验而言最为基本的景观，它广

---

① 加斯东·巴什拉（1884—1962），法国哲学家、诗人，代表作有《梦想的诗学》等。

阔无垠，让人迷惑。我们深入地下，不仅是为了去死，也是为了重生，为了在大地之母的子宫中得到新生。我们恐惧地下空间，然而当危险降临时，那里却是我们的首要避难所。无价的财宝和有毒的废料共藏于地下，压抑的记忆和发光的神启也属于那个王国。学者戴维·L.派克（David L. Pike）在其著作《冥河上的大都会》中写道："'地下'这一隐喻可以扩展为包含地球上的所有生命。"

注意到我们脚下的空间就会感受到这个世界正呈现于我们眼前。当我们把思想转向实体的地下隧道和洞穴时，便会适应于塑造我们现实生活的无形之力。我们与地下的联系为我们打开了一扇门，让我们通往人类想象力中神秘莫测的区域。我们深入地下是为了观看尚未被发现的东西、日常生活中不可见的东西；我们深入地下是为了寻找仅能于黑暗中获得的启发。

第二章

交叉路口

我的视线穿透黑暗，

似乎有许多高塔映入眼帘，

我随即大声问道："老师，这是座什么城？"

——但丁，《地狱篇》[①]第十七章

[①] 但丁的《神曲》是一部长达一万四千行的史诗。全书分为《地狱篇》《炼狱篇》《天堂篇》三部分。

纳达尔[1]（Nadar）为人熟知，他红发如火，性格英勇，举止夸张且富有戏剧性，是拍摄巴黎地下图片的第一人。此外，他还是19世纪中叶巴黎最引人注目和令人激动的名人之一，夏尔·波德莱尔[2]（Charles Baudelaire）曾评价他为"最让人赞叹的活力人物的榜样"。纳达尔爱出风头，喜爱打扮，是波希米亚艺术界的领头人，但是他最有名的头衔还是巴黎杰出的摄影师。纳达尔是一位媒体先驱，也是一位伟大的发明家，在巴黎市内一间富丽堂皇的工作室工作。1861年，他发明了一个电池供电灯，此灯成为摄影史上首批人造灯之一。纳达尔把他的电灯命名为"魔术灯"。为了展示此灯的功用，他极尽所能地寻找这座城市地底下最黑暗的人迹罕至的下水道和墓穴，然后前去拍摄照片。短短几个月的

---

[1]　纳达尔（1820—1910），本名加斯帕德·费利克斯·图尔纳雄，法国早期摄影家、漫画家、记者、小说家、乘热气球飞行者。

[2]　夏尔·皮埃尔·波德莱尔（1821—1867），法国19世纪最为著名的现代派诗人、象征派诗歌先驱，代表作有《恶之花》等。

时间，纳达尔在地下黑暗之中拍摄了数百张照片，每一张照片的曝光时间都长达十八分钟。长久以来，巴黎人都知道地下的隧道、教堂的地下室和导水管是猫的摇篮，但是人们对这些抽象的场所从来都是只闻未见，私下议论。这是第一次，纳达尔把地下世界公之于众，为巴黎和地下景观建立了关系。随着时间的推移，这种关系变得更加奇特、更加令人着迷，也许远比它与世界上任何一个城市的关系都更加亲密。

　　在纳达尔逝世一个半世纪后的今天，我和史蒂夫·邓肯以及一小队城市探险者一起来到了巴黎，想以一种前无古人的方式调查巴黎与其地下世界的关系。我们计划只依赖地下的基础设施，徒步从城市的一边越至另一边。史蒂夫早在纽约时就一直梦想着进行这次旅行。我们花了几个月的时间来做一系列准备：计划这次旅行、研究巴黎城市的旧地图、咨询巴黎的探险家，并寻找可能的路线。从理论上来说，这次探险安排得井井有条。我们将会到达巴黎南部边缘的奥尔良门附近，进入地下墓穴。如果一切按照计划进行，那么我们会到达巴黎北部边缘较远处的克利希广场附近，然后从下水道出来。这条线路的直线距离大约有 9.6 千米，通常人们闲逛一个上午就能走完。但是，地下线路就好像蠕虫缓缓挪动的路线，弯弯曲曲、脏乱不堪、回环曲折，人们很多时候要绕弯路或者原路返回。我们准备在地下跋涉两三天，夜晚也在地下扎营。

　　6 月一个和煦的夜晚，我们六个人坐在巴黎南部边缘的一条废弃的火车隧道里。这条隧道是巴黎环城公路的一部分，环城公路又叫"小环线"，已被弃置良久。我们一整天都在采集最后的补给。当时已过晚上九点，隧道尽头两端的点点灯光也逐渐暗淡了。每个人都沉浸在静默中，只剩下头灯的光束在地板上焦躁地舞动。我们轮流向下盯着那个漆黑的洞口，它是在水泥墙上硬凿出来的，四周环绕着涂鸦。我们将从这里进入地下墓穴。

史蒂夫捋了捋高筒防水胶靴上的带子，说："最好把你们的护照装进带拉链的口袋里。以防万一！"我们旅行中走的每一步自然都是违法的，一旦我们被抓到，事先准备好的身份证件可能正好能够保护我们不被送入巴黎中央监狱。

地下墓穴中的隧道四通八达、堪比迷宫。莫·盖茨（Moe Gates）蹲在一张可以指引我们方向的地图旁边研究着。他身材矮小，蓄着胡须，身着一件红色的夏威夷风格的衬衫。莫是史蒂夫的一个长期探险搭档，曾在莫斯科的下水道奔跑过，也曾爬上曼哈顿克莱斯勒大厦的顶层并蹲在滴水嘴兽上，还曾在布鲁克林的威廉斯堡大桥[①]的顶部翻云覆雨。他一度想放弃探索隧道，安定下来，"找一个美好的犹太女孩结婚生子"，但是却一直没能戒掉探险这一嗜好。

利兹·拉什（Liz Rush）是史蒂夫的女朋友，眼神犀利，拥有一头齐肩短发。她正在检查密闭空间气体探测仪上的电池

---

① 威廉斯堡大桥是一座位于美国纽约市横跨伊斯特河的悬索桥。

是否正常。地下隧道通风状况不佳，我们一旦遇到任何有毒气体，这种探测仪就会发出警示。利兹曾和史蒂夫探索过纽约地底，但这次的巴黎地下之旅于她而言实属第一次。在利兹一旁整理行囊的是两位新人，一位是来自澳大利亚的年轻女人雅茨·迈耶（Jazz Meyer），她拥有一头骇人的红色长发绺，曾探索过墨尔本和布里斯班地下的排洪管；另一位是来自纽约的哲学硕士克里斯·莫菲特（Chris Moffett），这是他第一次涉足地下世界。

　　"有百分之五十的可能会下雨。"史蒂夫关机前看了一眼手机说道。我们旅行中最大的威胁便是遇到降雨。一次，我们来到了一个下水道集水器那儿，地面上一场暴雨骤降骤停，即使如此，也引得地下洪水泛滥。巴黎的 6 月潮湿多雨，自我们抵达这座城市开始，便极度关心它的大气状况。史蒂夫找来了一位巴黎的同行探险家伊恩（Ian），让他为我们提供关于天气变化的信息。作为一个团队，我们一起发过誓，一旦有下雨的迹象，我们就迅速撤离、结束探险。

　　在我们拥至入口时，记录员莫查看了一下自己的手表然后在笔记本上写下："晚上九点四十六分，抵达地下。"史蒂夫第一个爬进去，扭动着臀部穿过入口，两条腿在身后上下踢腾；其余的人一个个紧随其后。我跟在队伍最后面，上下打量着这条空荡荡的铁路隧道，然后深吸了一口气，进入黑暗之中。

　　我们进入的隧道又窄又浅，洞壁的石头粗糙又湿黏。我把背包挂在胸前，四肢伏地向前爬行，后背与岩石洞顶相互刮擦，与此同时，冰冷的积水随着我的手掌和膝盖的移动哗哗作响，寒意直透肌肤。隧道里的石头散发出一股几近田园泥土的芬芳，就像被雨水浸润的白垩石。我们头灯的光束不停地掠过，就像无规律频闪的闪光灯。远离地面的感觉突然而至，我们仿佛抵达了大洋底部。街道上汽车的鸣笛声，勒克莱尔将军大道上电车的咔嗒声，巴黎人在啤酒店外的遮阳篷下边吸烟边低语的声音——所有的这些声音全都消失不见了。

史蒂夫带领我们一路向北。当我们沿着一条宽阔些的地道行走时，将步子转换成了嘎吱作响的鸭子步。然后，我们来到了一条拱形通道，站在了泥土地上。直到此时，我们所有人才站起身来前行。我们的第一段穿越旅程正在进行中。

巴黎人说他们的城市洞孔之多犹如星群，也像一大块瑞士奶酪。巴黎地下墓穴洞孔甚多，没有其他地方能与之相比了。它们组成了一座巨大的石头迷宫，拥有300多千米长的隧道，隧道主要分布在塞纳河的左岸。一些隧道遭洪水冲淹，还有一些已经倒塌，布满了落水洞，其余的则饰有整齐有序的灰浆砖、优雅的拱形门和华丽的旋转楼梯。正如熟悉此道的人所知道的那样，严格意义上来说，"catas"一词并不指地下墓穴，而通常是指起源于希腊语"katá"（向下）和拉丁语"tumbae"（坟墓）的复合词，意为"采石场"。塞纳河畔一系列恢宏的建筑，如巴黎圣母院、卢浮宫、巴黎皇家宫殿等，都是由凿自地下的石灰岩块砌成的。在罗马时代，人们开辟了最古老的隧道来建造巴黎这座城市，如今，在它的拉丁区仍然可以寻觅到这条隧道的踪迹。几个世纪以来，随着城市的不断发展，石匠们将更多的石灰岩带到了地面。这使得地下的狭窄地道变得越发密集，就像大树的树根一样，在城市之下呈扇状铺展开来。

在纳达尔还未把照相机带到巴黎地下的几年前，采石场内一片寂静，仅有少量的城市工人时常前往。停尸房里的工人在地下墓穴的地板上来回翻找骨头；采石场总监察局的员工提着灯走在石头通道上，他们的目的是加固隧道，防止其在城市的重压下倒塌；偶尔还有蘑菇种植者前来，他们利用干燥黑暗的地下环境来种植蘑菇。相比巴黎其余的地方来说，采石场是一片遥远的盲区、一处虚幻的地下景观。

在纳达尔踏入巴黎地下多年之后，我们也来到了地下。进入的那一刻，我们就感受到了采石场热闹的盛况：墙壁上画满了色彩鲜艳的涂鸦，泥地上布满了人来人往留下的脚印。当我们来到浅水池时，水面上满是旋涡状的泥浆，表明这里刚有人经过。这些都是城市探险者留下的踪迹，他们来自一个松散的巴黎市民联盟，日日夜夜地在地下墓穴里闲逛。组成城市探险者王国的亚群体中的大多数人为十几、二十岁的大学生。然而，还有一些五六十岁的人，他们数十年来始终探索着地下道路网络，甚至养育出了热衷探险的子孙后代。巴黎还雇用了一支地下墓穴警察中队，其名为"法国地下警察"，字面意思为"地下警探"。他们在隧道中巡逻，给擅入者开具六十五欧元的罚单。但是，对地下探险者来说，这不具有什么震慑作用，因为他们早已把隧道当作一个巨大的秘密俱乐部会所。

　　我们来到地下两小时左右后，史蒂夫开始带领我们穿过一条又浅又挤的隧道。我们趴在地上，撑着手肘，蠕行穿过泥地。在从隧道的另一头冲出时，我们看到有三束头灯光线自黑暗中快速闪过。那是三位年轻的巴黎城市探险者，领队是一个二十五岁左右的青年男子，名叫伯努瓦（Benoit），身形高瘦，头发乌黑。

　　他动作夸张地说道："欢迎来到沙滩！"

　　我们来到了地下探险者经常出没的一个主要场所，那是一间洞穴似的屋子，地板上铺满了沙子，高高的屋顶由粗大的石灰岩柱支撑。面面墙壁、根根石柱，以及绝大部分岩石屋顶上，几乎画满了油画。黑暗中，这些油画显得柔和而黯淡，但是一经手电筒的光线照射，便闪烁出耀眼的光彩。中心那幅画作临摹的是葛饰北斋的作品《神奈川冲浪里》，画中是翻卷着的带着蓝白相间的泡沫的海浪。石砌的桌子及粗制的长凳和椅子散布于整个房间。房间的中央是一座巨大的男性雕塑，他举起双臂托着屋顶，就像一位地下的阿特拉斯，支撑起了整座城市。

　　"这就像——"伯努瓦停顿了一下，显然是为了寻找一个为人们所熟知的类比物，"地下墓穴的时代广场。"

　　他解释说，在周末的夜晚，地下墓穴内的沙滩上和某些宽阔的房间内会挤满狂欢者。有时，他们会从地面上的路灯上偷取电力，并组建一支乐队或者定一位 DJ。地下探险者则可能会在胸前绑上一个便携式音响，交织穿梭于不同的隧道中，从一个房间游走到另一个房间。随着派对不断推进，他们会在黑暗中跳起舞来，并相互传递威士忌，人群从前到后看起来就像一条蛇形的地下康加舞队。其他的聚会则更为文雅，你若走进一个黑暗的房间，可能会看到一个烛光假日派对，参加派对的地下探险者们正喝着香槟，吃着国王饼。

一直以来，地下探险者都聚集于地下，在隐蔽的洞穴里进行绘画、雕塑等艺术创作或者制造设备。离沙滩不远的地方是一处城堡沙龙，一位地下探险者曾在那里用石头雕刻出一件美丽的诺曼城堡的复制品，并在墙上安装了一个滴水嘴兽雕塑。那里还有一处镜子沙龙，房间的墙上贴满了由反光碎片拼成的迪斯科球形马赛克装饰。小角落处有一间书屋，里面放置着手工雕刻的书架，人们可以留下书籍供他人借阅。（不幸的是，这些书在阴湿的空气中常常发霉。）

漫游穿行于地下墓穴间，你会发现自己置身于一本神秘小说所描述的场景之中，到处都是假墙、暗门和秘密滑道，每一处都通向另一个隐匿的屋子，蕴藏着一个新的惊喜。顺着一条通道往前走，你可能会发现一个墙壁向四面延伸着博斯基安壁画的房间，地下探险者数十年来不断地为这幅壁画修饰润色；顺着另一条通道走下去，你可能会看到一个真人大小的男性雕塑，他半个身子嵌在一堵石墙内，仿佛他正在破墙而入；还有一条通道，沿途而下，你可能会遇到一个完全颠覆现实感的地方。2004 年，一支在采石场巡逻的地下警察中队闯入了一面假墙，进入了一个巨大的洞穴状空间。他们震惊地眨着眼睛，不敢相信这是家电影院——一群地下探险者在那里安装了可容纳二十人的石雕座椅、一面大屏幕、一台投影仪，以及至少三条电话线。放映室旁边有酒吧、休息室、工作间和小餐厅。三天后，警察返回调查，却发现影院内的设备已被拆除，里面空无一物，只留下一张字条："不要试图寻找我们。"

无论警察是否知道真相，地下探险家对于我们的穿越之旅来说都极其重要。我们的地图出自部落长老们的设计，是几代地下探险家的知识结晶。它标明了哪些通道很低，需要爬行通过；哪些通道曾遭洪水淹没；哪些通道藏有陷阱，需要小心行走。（由于担心地下道路网络过于通达，长老们并未标出地图上所有的入口。）与此同时，地下探险者多年来把电钻和风钻带入了地下，在墙上凿出了一些小型通道，给其取名"猫道"，它们将成为我们跋涉旅途中的重要门户。

伯努瓦只挎了一个小包，里面装着一瓶水和一盏灯，他瞅着我们鼓鼓囊囊的背包，问道："你们打算待多久？"

史蒂夫说："我们正在徒步穿越巴黎，去往城市北部边界。"

伯努瓦盯着史蒂夫看了一会儿，然后笑了，显然认为这是个笑话，然后转身走入了黑暗之中。

我们的身体不停地扭动、蠕行、攀爬、弯曲，仿佛在表演一套扩展后的地下体操动作。我们躬身穿过狭窄的通道，出来时四肢扭曲在一起，就像一匹刚出生的小马驹。

我们爬下通道进入了一些舞厅大小的房间，说话的声音在屋顶间回响。房间的墙壁上都凝结着水珠，散发着水汽。我们行走其间就像穿行于复杂的脑组织褶皱中。我们抬头盯着约20米高的检修井看，然而由于井内太黑，我们看不到顶端的井口。棕色的树根破屋顶而入，就像盘曲的小型枝形吊灯。主要的隧道上都标着有鲜明的巴黎特征的蓝色陶瓷标牌，标牌的名字与地面上的街道名称相对应。在一处有层层覆盖物的地方，城市探险者用喷壶画出的涂鸦掩盖了17世纪矿场采掘者用火把烧出来的横条烟痕，这些横条烟痕也掩盖了嵌在石灰岩里的海洋古生物的化石。每隔几分钟，我们就会经过一条尽头分叉的隧道，提醒我们前进之路会有多么艰难复杂。

克里斯、利兹和雅茨都是新手，行走其间仿若身处梦中。"我不敢相信这地方是真的。"雅茨低语道。

有一次，我把手电筒照向上方，发现顶上有一条巨大的黑色裂缝。18世纪，这里曾发生过坍塌，建筑物、马车和街上的行人都被土地吞没，地下的石匠也被掩埋在瓦砾之中。但是，现在的隧道很安全，我们不用害怕会遭到掩埋。地下墓穴是我们的旅程中最不危险的一段路。

早在纳达尔开始漫游巴黎地下之前，他就曾努力以一种前所未有的视角来拍摄这个世界。第一个视角就是空中。纳达尔和自己的好朋友儒勒·凡尔纳① （Jules Verne）一同鼓励人们使用比空气重的设备进行空中运动，并在全欧洲发起了蔚为壮观

---

① 儒勒·凡尔纳（1828—1905），19世纪法国著名小说家、剧作家及诗人，代表作有《格兰特船长的儿女》《海底两万里》《神秘岛》等。

的热气球飞行任务。1858 年，纳达尔登上了热气球，飞行于离地近 80 米高的巴黎上空，拍摄了世界上第一张航空照片，那是一张轻微模糊的银灰色城市图景。"我们用心灵之眼看到的城市鸟瞰图是不完美的，"他在谈到这次空中任务时写道，"现在我们用感光板完全捕捉到了大自然本身的样子。"

现在，是他的第二个视角。纳达尔将会从地下拍摄巴黎的城市照片。刚开始，他在自己的工作室组装出了弧光灯。这是一个虽然笨重但却功能强大的奇特装置，五十节本生电池一旦被激活，电流就会触发两根碳棒，发出一道白光。这道光使得摄影师在没有自然光的条件下拍摄照片成为可能，也成为摄影这一新兴媒体中的一个崭新概念。夜晚的时候，纳达尔会在工作室门前的人行道上点亮弧光灯，用亮光吸引人群。他宣称将使用自己的弧光灯搭配照相机来捕捉城市风景，任何其他的摄影师都无法达到这一水平。他写道："地下世界提供了一个无限大的活动场地，它和地面上的一样有趣。我们打算深入地下，揭开洞穴最深处、最隐秘的神秘面纱。"在一个模仿罗马著名地下墓穴的埋骨处——人称"地下墓穴"的地方，纳达尔首次拍摄了地下照片。

在我们的旅程进行了七个小时左右时，史蒂夫带领我们沿着一条长长的通道往下走，进入了一个墙上铺有鹅卵石的房间。在那儿，大家都卸下了背包坐在地板上休息。尽管鞋子已经湿透还沾了很多泥，但我们的士气十分高涨。过了好几分钟，我们才认出散落在我们脚边地面上的干燥的铜色物件。

雅茨捡起一个仔细看了看，长发绺在她的头顶来回晃动。
"一根肋骨。"她说道，那东西随之从她手中滑落。

我们低头一看，发现自己果真踩在骨头上。有一根胫骨、一根股骨、一块头盖骨，每根骨头都干燥而光滑，颜色如羊皮纸一般。我们躲在一个角落里，发现自己站在一座巨型塔楼的下面。成千上万块骨头仿佛汇聚成了一道杂乱的瀑布，从地表下的一条斜槽里倾泻而下。我们正位于蒙帕纳斯公墓之下的埋骨处。

18 世纪末，巴黎城内的尸骨过多，无处安放。城里最大的墓地——圣婴墓地墙壁垮塌，尸骨滚落到了邻近人家的地下室。巴黎当局决定将死者遗骸迁移到地下采石场以防止疾病传播。几十年来，采石场在人们的脚下一直不断扩张。选址是城南一片面积约 1.2 公顷的空通道，位于伊索尔墓园街的下方。在三位牧师前往地下对隧道进行正式的圣化仪式后，尸骨开始了自己的穿越巴黎之旅。人们把它们放在了蒙着黑纱的木板车里，然后将之运往选定街道的坑穴，倾倒而下。总共有六百万死者的遗骸被运往采石场。工人们被分配到地下，承担了繁苦冗长的任务。他们对尸骨进行了分类并将其排列成了复杂的带状图形。

1861 年 12 月，纳达尔带着一队助手以及两辆装满摄像设备的矿用马车，进入了地下的骨头走廊。1810 年，这条地道曾短暂地面向游客开放，但是由于公物遭到了破坏，不久后便被关闭了。纳达尔到达时，这些隧道已经关闭了几十年。在一处纳达尔称为"鼹鼠丘"的地方，他遇到了一群正在骨堆间辛苦工作的地下劳动者。

那个时候，即使是在一个受控的工作室环境中，拍照的过程也很烦琐。在一条完全黑暗的地下通道中拍照，更是近乎不可能。延误是令人恼火的，火棉胶会在黑暗中洒落，弧光灯会卡在狭窄的通道里，电池会释放出有毒的烟气。幽闭的空间可能会让每个人生病。由于每次拍照都要曝光十八分钟，一天工作下来，所得照片寥寥无几。有人听到其中一位助手抱怨说："我们在这儿变老了。"然而，纳达尔还在奋力地工作。他制造了一个木质人体模特，其身上有胡子、帽子、靴子和市政工装，装备一应俱全，其还手拿一把耙骨头的铁叉。

纳达尔在埋骨之地拍摄了七十三张照片，这些照片成了一套静默而又超现实的珍奇收藏品。有一张照片展示的是一堆刚刚被丢下的骨头，其他照片聚焦的是复杂的骨架或者人体模特——工人们推着装满骨头的货车通过走道。这些照片在法国摄影协会一经展览，便引起了轰动。评论家把纳达尔描写成了一位穿越于城市角落的神话人物。《辩论日报》的一篇文章将拍摄这些照片的摄影师称为"别西卜"①（Beelze-bub），意为地下世界之主；还有一篇文章将纳达尔称为"巫师"，并形容道："（他）让已逝的几代人的遗骸都留存了下来。"这座城市的一整片秘密之域已为人揭晓。一名记者写道："纳达尔和其助手现在正身处于无害地球的内部，会让人们熟悉很多少有

---

① 别西卜，魔鬼的名字。

人目睹的景象。"纳达尔成了广受沙龙和咖啡馆称赞的人，整座城市都在谈论地下照片。

　　然而，一切并不止于谈论。这些照片还唤醒了巴黎人内心的一些东西，他们瞥见了这座城市的底部，想要亲自触碰和闻嗅那些隧道，于黑暗中倾听自己的脚步声。大约在照片首展的同一时间，地下墓穴再次对外开放，并快速成为巴黎主要的景点之一。刚开始时，一个月内会有几次对外开放的活动，之后越来越频繁，戴着礼帽的男士和身着长裙的女士会成群结队地游走于埋骨之所，端详褐色头骨里的眼窝，观看堆叠的胫骨墙在烛光下的起伏之态。他们听着地下怪异而惊悚的传音效果，感知到自己位于潮湿的地下时，便吓得浑身颤抖。参观活动结束之时，有的游客会暗中从墙上扯下一个头盖骨，偷取来自地下世界的纪念品。由于地下墓穴深受追捧，到了 1862 年，当居斯塔夫·福楼拜[①]（Gustave Flaubert）与小说家儒勒和爱德蒙·德·龚古尔[②]（Edmond de Goncourt）一起游览地下墓穴时，对拥挤的人群感到很厌烦。著名的笔调辛辣的作家龚古尔兄弟（Goncourt brothers）曾写道："人们必须忍耐那些巴黎的小丑，他们前往地下，向虚无之口口吐侮辱之词并以此自娱，视此为真正的欢宴。"

　　还有一群未获批准的游客——原始的地下探险者——闯入

---

　　①　居斯塔夫·福楼拜（1821—1880），十九世纪中叶法国著名的批判现实主义作家，代表作有《包法利夫人》《情感教育》等。

　　②　爱德蒙·德·龚古尔（1822—1896），十九世纪的法国著名作家、印象主义文学批评先驱、龚古尔学院的创立者。

了观光路线之外的地带。恋人们安排地下幽会，青少年们出发进行探索任务。正如多年以后，后世的地下探险者所做的那样，一群巴黎人在地下墓穴中举行了一场秘密音乐会。一百名客人聚集在德恩费街，把马车停在街上，以免惹人起疑，然后从入口溜入地下，坐在距地面约18米的、周围燃烧着蜡烛的、顶上有骷髅头的地方。客人们面前是由四十五名音乐家组成的管弦乐队。当晚的演出曲目有肖邦的《葬礼进行曲》和圣-桑（Saint-Saëns）的交响诗《骷髅之舞》。

我们于北边的屋子里扎营休息了一个小时，那个屋子四四方方的，应挖掘于19世纪的某个时期。每个人都利用墙上的铁环挂上了吊床，在此期间，我和利兹还做了金枪鱼意大利面。我们无声地进食，感到既高兴又疲惫。这感觉就像在月球上野营，没有声音，没有生灵，只有绵延的黑暗。

大家准备就寝的时候，克里斯询问几点了。莫指出，我们所处的地方自建成以来一直处于一片漆黑，温度恰好维持在13.9 ℃左右，没有受到任何自然规律的影响。"这里从来没有时间的概念。"莫说道。

我醒来时发现一个女人正站在我们房间的门口。她的一只手中提着一盏年代久远的精致的铁灯笼，火焰正嘶嘶作响，散发出蜜色的光芒。我看着她蹑手蹑脚地走到了房间中央，将一张看起来像小明信片的东西放到了地板上。

"您好！"我说道，把她吓了一跳。

米斯蒂（Misty）四十多岁了，从十六岁起就开始游览采石场。当晚她独自一人在隧道里游荡。我注意到，她没有地图。

"有时候只是来下面散散步也感觉很好。" 米斯蒂以一种轻快的口吻说道。不知为什么，她的靴子看上去干干净净，灰色衬衫也似刚刚干洗过的。在行走、流连于采石场不同的房间时，米斯蒂无论走到哪里都会留下一点画作，仿佛是在给其他地下探险者留下一些信息。她放在我们房间的明信片上画着一个由两只手摆成的三角形。

凌晨一点时，我们在地下墓穴中找到了出口，那是一个猫洞，仅比我的肩膀宽一点儿。我们来到了采石场中一个罕有人至的角落里，那里的屋顶由具有数个世纪的历史的木顶梁支撑着，当时木顶梁是由采石场总监察局安装的。

我们已经在地下待了二十七小时了。我的耳朵褶皱里和鼻孔边缘的泥浆都已经干硬了。

"我感觉自己正在变成一个穴居人。"利兹边说边在隧道里伸了伸双腿。

"我一直能从头发里挑出我不认识的东西，"雅茨边说边观察着一根长发，并补充道，"我想我刚刚找到了骨髓。"

莫脱下袜子，拿出一小瓶碘酒，开始把亮橙色的液体涂到脚指甲根部的甲小皮上。史蒂夫朝他眨了眨眼。

"你认为我不会在进下水道前给我指甲边上的倒刺消毒吗？"

为了到达下水道，我们首先得穿越一段能把我们带到塞纳河地下的具有多效用的管廊。如果说地下墓穴是这座城市的小脑，那么我们钻入的混凝土隧道就是一条静脉，一条连接着更复杂的器官的普通血管。我们行走于隧道之中，与地面的距离触手可及。街上人们的说话声、高跟鞋的咔嗒声以及狗吠声，都能通过地面传入地下。透过墙上的一个通风口，我看到了一道微弱的橙色光线——那是来自地下停车场的灯光。我蹲下来，看到一个黑发女人进入车中，倒车出来，然后将车开走了。我感觉自己就像个幽灵，在窥视着这座城市的生灵。

我们没能找到直接通往塞纳河下的具有多效用的管廊的连接通路，因此只能走到地面上，但这只是暂时的。在检查井井筒底部有一架通往地面的梯子，在那儿，我们焦急地小声讨论着全身而退之策。

"我觉得与死亡相比，被逮住更让我紧张。"莫小声说道。

"没关系，"史蒂夫说道，"如果他们把我们关进监狱，那我们就挖隧道出去。"

克里斯的眼睛里流露出一阵担忧。

我们出现在圣·叙尔皮斯教堂附近，前面是一家出售奢侈婴儿服装的商店。我们没看见警察，于是开始在空巷里左拐右拐，朝着塞纳河的方向走去。在一条荒无人烟的街道的尽头，史蒂夫蹲了下来，猛然打开了一扇门，然后我们又都回到了地下。我往下走的时候，引起了一个值夜班的餐厅勤杂工的注意，他手里拿着盐瓶和胡椒瓶，脸上带着困惑的表情。

塞纳河底下的隧道十分潮湿，伴随着一种阴沉的水下音响效果。即使在这里，我们也发现了闯入者留下的证据：墙上有涂鸦的痕迹，地上还有一只空的一升装的克伦堡凯旋啤酒^①瓶。当我们自河下横越而过时，我想象着这座城市的截面图，图上画着一层层岩面，岩面层层相叠。在我们的上方，是轮廓高耸的巴黎圣母院、诸座桥梁及河流；在我们的下方深处，是很快便会挤满上班族的地铁隧道。而我们正好位于中间地层，手电筒射出的六道小小的光锥划破了黑暗。

在纳达尔进入地下之前，黑暗曲折的下水道一直是巴黎人不可救药的恐惧之源。维克多·雨果的《悲惨世界》写于纳达尔地下照片公开发表的二十年前，书中的下水道就体现了一种混合着城市噩梦的气息。雨果在书中写道："回顾巴黎过去的阴渠，弯弯曲曲，到处是隙缝裂口，不见石块铺底，坑坑洼洼，有些古怪的拐弯转角，无故升高降低，恶臭，粗陋，野蛮，沉浸在黑暗中，铺沟石疮疤累累，墙体被刀剑砍伤，惊险骇人。"

19 世纪 50 年代，拿破仑三世时期著名的城市规划师乔治 - 欧仁·奥斯曼^②（Georges-Eugène Haussmann）对下水道进行了全面的翻修。他拆除了许多街道，铺设了 640 余千米长的新管道。工程师们将每段管道安装在斜率为百分之三的坡道上，这种坡度足够平缓，能让人轻松行走，也能确保水流稳定不息。在一系列的测试中他们了解到，一具动物的尸骸可以在十八天内穿越整座城市，而五彩纸屑在六小时内就能完成同样的旅程。

---

① 法国啤酒品牌。

② 乔治·欧仁·奥斯曼（1809—1891），法国城市规划师、拿破仑三世时期的重要官员。其因主持了 1853—1870 年的巴黎街道、公园等设施的重建工作而闻名。

然而，再多的翻修也无法缓和公众对下水道的厌恶之情。除每天费力清除管道污物的下水道清洁工之外，没有人愿意进入下水道。

我们大概在下水道里待了九十秒，史蒂夫在队伍最前方突然大喊了一声："老鼠！"

那老鼠灰蒙蒙的，像袋狸一样大，从我们脚边的污水流中轻快地穿过。当它扫动着尾巴，自我们身下跑过，四肢踢起一道 V 形尾流时，我们都跳起来，跨坐到了管道的两边。

我们一路往北来到位于塞瓦斯托波尔大道①下的集水器那里，这是一条巨型的砖砌水道，呈圆形，两侧连着两根粗水管，一根输送饮用水，另一根输送非饮用水。所有较小的支流管道都汇入该收集器中。集水器中央是一条嵌入墙壁的水道，它叫作"壕底排水渠"，宽约 1.22 米，水雾缭绕，里面流动着任何你可以想到的东西，它们皆为地面上的人所丢弃。在一分钟的"找发现"游戏里，我看到了一个注射器、一只死鸟、一张湿透的地铁票、一张切碎的信用卡、一张红酒标签、一个避孕套、一个咖啡过滤器、多团厕纸，还有一块块漂浮着的粪便。"下水道的清新物。"莫说道。"清新"一词是城市探险者为"人类排泄物"设计的行话。

利兹在往每个人手上喷洒洗手液，莫也在给他的气体监测器充电，正当我们都在忙着做准备时，史蒂夫呼吁我们要多加

① 塞瓦斯托波尔大道为 19 世纪中叶奥斯曼男爵主持改建巴黎时修建的最重要的道路之一。

小心。

他收到了我们的天气哨兵伊恩发来的短信。

短信说：天气预报说可能有暴雨，看来是雨天。

史蒂夫绕着圈子，和我们一个个地对视，但是没有一个人有丝毫犹豫。我们已经置身地下三十一小时之久，已经走了很远，不能就此放弃。

"我们必须保持警惕，"史蒂夫说道，"只要密切关注壕底排水渠的水位变化，注意从支流管道内流出的水量，我们就会安然无恙。"

史蒂夫或许比地球上任何一个人都更熟悉下水道的标志。这既让人倍感安慰，又让人紧张不安，因为他能准确细致地叙述暴雨来临时我们会面临什么。在集水器黏糊糊的墙壁上，史蒂夫用手指画了一个小型曲线图，以说明水流上涨的指数速率。"我已经见过了纽约、伦敦和莫斯科的集水器，"他说道，"但是巴黎的水流量是我见过的最为迅猛的。在你真正意识到它之前，它已经没过了你的小腿，漫过了你的膝盖，到达了你的腰部。一旦看到水位开始上涨，我们就要拼命地冲到最近的梯子处。"

当我们走向集水器时，没有一个人吭声。狭窄的人行通道湿滑无比，鞋底与地面之间几乎没有摩擦力，我差不多是踮着脚尖在行走。空气像密林里那般厚重，水流的汩汩之声、含漱声、打嗝声、喷涌声在我们周围响起，这是巴黎进行新陈代谢的声音。空气中的难闻臭味比你想象的更为微妙，就像需要清洗的冰箱所散发出的味道，即便如此，那股味道还是萦绕着你。黑暗中，接合点是一些皮拉内西①式的疏水阀，连接着黏滑的管道和阀门。从一个大约4.6米的钻机下经过时，我看到一些小条的、带状的碎烂卫生纸——这表明近期曾有洪水从这条管道涌出。

某一刻，一股水流从一条支流管道中喷涌而出，使得集水器中回响起一片震动之声。我们都惊呆了，瞪大了眼睛，准备冲到最近的梯子上。

"没什么好担心的。"史蒂夫说道。上面的一间公寓里，有人起得早，在冲水。"在这里，一切声音都被放大了，"他提醒我们，"即使是一点小小的水花，其声音听起来也像是尼亚加拉大瀑布奔腾而下的声音。"

参观完地下墓穴不久后，纳达尔便开始了对下水道的探索。在几个星期的行程中，他艰难地走过了巴黎的"消化系统"，助手们也费力地拖着设备在狭小的通道里来回奔波。与地下墓穴相比，下水道对后勤提出了更多的挑战。在这里，他接触到了自地面上方而来的每一次变动、每一场阵雨的泼洒、每一次厕所用水的四散分流，这让寻找到所需的连续寂静无声的十八分钟变得更加困难。每次打开快门时，纳达尔和他的团队都会祈祷不会有什么情况干扰拍摄。纳达尔后来写道："就在所有防范工作都准备妥善，所有的障碍都已移除或解决后，决定性的一步即将来临之时，不知我们地面上方的美丽女士或友好绅

---

① 乔凡尼·巴蒂斯塔·皮拉内西（1720—1778），意大利著名雕刻家及建筑大师。他以创绘古典与后古典时代的罗马及其周边地区的建筑而闻名于世。

士听了什么誓言，他们没有猜到我们的存在，就在那一刻，重新打开了水龙头洗澡，然后突然之间，就在曝光的最后几秒钟，一片薄雾自水面升腾而起，模糊了相机的感光底片。"

　　纳达尔所拍摄的下水道照片显露出了闪烁着浪漫微光的幽暗管道。一些照片很有特色，如长着络腮胡子的模特身穿下水道清洁工的连体衣裤，摆出一副劳动的架势。其他一些照片则比较抽象，它们着眼于几何线条上，如一条管道分成两条水渠，或者一股污水以一种怪异的模糊样态快速流动着。由于管道内水汽弥漫，每张照片都蒙上了一层恼人的淡淡的薄雾，仿佛映照于面纱之下。

　　记者和评论家再次对这些照片表达了恭维之情。一份报纸将纳达尔描绘成一位先驱者——他在巴黎久经诟病的地下荒原上与危险和背叛博弈；尽管"在令人窒息的地下墓穴中，电池释放出的有毒气体让人几乎难以喘息"，但他仍在拍摄照片。而哲学家沃尔特·本杰明 [①]（Walter Benjamin）则如此诠释那些照片："镜头第一次被赋予了发现的任务。"

　　在整个巴黎，人们开始突然出现在下水道检查井中。深夜，他们爬入地下，点上一支蜡烛，然后漫步其间。1865 年，《巴黎式的生活》中一篇关于午夜狂欢活动的报道将下水道描述成了一条新的滨海步行大道。"在那里会发生迷人的邂逅。我偶

----

　　① 　沃尔特·本杰明（1892—1940），德国犹太哲学家、文化批评家和散文家。其思想融合了德国唯心主义、浪漫主义、西方马克思主义和犹太神秘主义的元素，对美学理论、文学批评和历史唯物主义做出了持久而有影响的贡献。

遇了美丽的伯爵夫人 T，她独自一人。我还看到了侯爵夫人 D，并与综艺剧院的 N 小姐擦肩而过。" 作者预言，总有一天，下水道的魅力会令巴黎青翠的绿地黯然失色。他还写道："当骑马游览下水道成为可能时，布洛涅森林①无疑会遭到荒弃。"

1867 年世界博览会期间，巴黎向公务旅行的游客开放了下水道，欧洲各地的参观者蜂拥而至。达官显贵、皇室成员、外交大臣和驻外使节纷纷从协和广场②附近的一段铁制螺旋楼梯下至地底，然后登上一辆下水道工人用来清洗管道的运货马车。"那是一辆双轮敞篷马车，座椅加了软垫，角落里点着油灯。"一位游客回忆道。女士们戴着系带软帽、穿着高跟鞋、手持蕾丝雨伞，飞快地躲过城市的喷出物。下水道工人扮演着威尼斯小划船的船夫的角色，把船拖下了下水道。一位当时的旅游向导记录道："每个人都知道，没有一个外国人是不想参加这次旅行就离开巴黎的。"

与此同时，纳达尔欣然接受了自己作为巴黎的赫尔墨斯、送魂者、地上地下对话者的角色。在其所拍摄的照片公布后的几年时间里，纳达尔以私下前往下水道和采石场旅行以及带领着充满欢笑的队伍穿梭于黑暗之中而赫赫有名。在一篇配有纳达尔照片的文章中，这位摄影师引诱大众随自己前往地下深处。

---

① 布洛涅森林，位于巴黎西部，占地面积十分广阔。

② 协和广场位于巴黎市中心、塞纳河北岸，是法国最为著名的广场之一，18 世纪时，由国王路易十五下令修建。

他对一位跟随者说道："夫人，请允许我成为您的向导。请挽着我的胳膊，让我们跟随世界的潮流。"

踏上最后一段路程之前，我们在地下的圣马丁运河①的一段河岸上扎营休息。在呈拱状的宽阔的隧道里，绿色的废水平静地流淌着，朦胧的晨光从遥远的尽头透过来。地面上大约是早上八点，餐厅即将开门迎客，服务员正在将镀银餐具摆至餐桌。我们把吊床挂在运河边的金属围栏上，就像在悬崖边露宿的登山运动员那样。史蒂夫自告奋勇为我们熬夜放哨。

我躺在吊床上想着纳达尔的照片时，不禁回想起了希腊神话故事中的一个场景：年轻的法厄同②说服了父亲赫利俄斯③，使其允许自己驾着燃烧的太阳战车划过天空。起飞后不久，法厄同便控制不住马的缰绳，让战车猛然偏离路线飞向了地面，高温干涸了河流，创造了沙漠，点燃了山顶。直到最后，由于法厄同飞得离地面很近，战车烧出了一个完全穿透地表的洞穴，光亮涌入了阴间。人们争先恐后地来到洞口边缘，视线直探而下，从被火焰环绕的湖泊到阴暗的水仙草地再到塔尔塔洛斯④。人们第一次看到了暗无天日的无尽深渊及地狱绵延曲折

---

① 圣马丁运河是巴黎的一条运河。

② 法厄同是太阳神赫利俄斯之子。

③ 赫利俄斯是古希腊神话中的太阳神。

④ 塔尔塔洛斯是指地狱底下暗无天日的深渊。

的景象。他们甚至看到了冥王哈得斯[①]和冥后珀耳塞福涅[②]坐在王座上对自己眨眼睛。人们被这幅他们一直以来所畏惧的地狱之景吓坏了，可是并没有从洞口边缘撤退而归，而是继续窥视着这片阴暗之地，无法转移视线。

我们睡了大概两个半小时，这时，史蒂夫看到一艘游船沿运河滑行而来。在船长发现我们并报警之前，史蒂夫一一摇醒了我们，大家又重新溜回到黑暗之中。

我们的最后一段路程经过了让·饶勒斯大道[③]下面的集水器。这是一条宽阔平坦的狭长的方形走道，一股像单行车道那么宽的污水流自中间咆哮而下。据史蒂夫说，我们正走在主要的地下管线上，巴黎几乎所有的污水都从我们脚下流淌而过。

现在，距我们进入地下已经过了三十八小时，我们都能感觉到终点就在附近。我们本应该感到胜利在望的喜悦、如释重负的解脱，或者收获一种成就感，但却拖着沉重的步子，眼睛充血，所有人都十分憔悴，还有些头昏脑涨。我猜想，这些都与我们之前长时间在地下走了那么远的路程而吸入了污浊之气有关。

"我建议我们向法国北部挺进。"史蒂夫说道。

———————————

①　哈得斯又译作黑帝斯、哈德斯等，是古希腊神话中的冥界之王，同时还是掌管瘟疫的神。

②　珀耳塞福涅是古希腊神话中冥界的王后，是众神之王宙斯和农业女神德墨忒尔的女儿，被冥王哈得斯绑架到冥界与其结婚，成为冥后。

③　让·饶勒斯大道是巴黎的一条著名的街道。

　　走在光滑狭窄的人行通道上时，我能感觉到我的眼皮开始往下耷拉。我尽可能地贴近墙壁，打起精神，一次又一次把脚放到前面。每隔一段距离，我们就会经过一条上方标有街道标牌的支流管道。莫拿着地图走在前面，大声地喊出每条街道的名字，计算着我们与目的地的距离。

　　"500 米！"

　　每走一步，水道的喷涌之势便越发凶猛，污水飞溅到狭窄的人行通道边沿，但还没有拍打到我们的鞋面上——地下通道正在推着我们出去。

　　阳光灿烂的正午，我们回到了地面上离市区不远的地方。我们六个人顺着梯子，从一家土耳其餐馆墙角的检查井里爬了上来。我们脸上脏兮兮的，头发上沾满了烂泥污物，潮湿的衣服散发着恶臭。我们出现的时候，人行道上的路人吓得停止前进往后倒退，一位餐厅的服务生由于吃惊掉落了一副刀叉。一位穿粉色毛衣的老妇人倚靠着助行器，低头盯着我们，她的眼睛睁得大大的，嘴巴噘成了 O 形。在史蒂夫把井盖拉回原位之前，在我们几个跌跌撞撞地进入邻近的公园打开香槟庆祝之前，有那么一会儿，街上的每个人都身体前倾，向洞开的检查井内窥探。

第 三 章

地 内 生 命

石头里满是看不见的东西。

—— 谢默斯·希尼[1]，《幻视》

---

① 谢默斯·希尼（1939—2013），爱尔兰著名诗人，曾于 1995 年荣获诺贝尔文学奖。

1818 年 4 月，俄亥俄州的约翰·克利夫·西姆斯 [①]（John Cleves Symmes）宣布要带队前往陆地内部，进行一次长途旅行。西姆斯时年三十八岁，是一位退伍的陆军上尉，在边陲小镇管理一个贸易关卡。他向五百多位达官显贵发表了正式的使命宣言，其中包括国会议员、科学家、报社编辑、教授、博物馆馆长以及彼时在位的几位欧洲王子。

西姆斯如此开场："我在此向全世界宣告，地球是空心的，内部适宜居住，里面包含许多固体同心球，它们一个个相互嵌套。"他提出，地球的内部世界里聚居着神秘未知的生命形态，它们也许还未被人类发现。人们可以通过南北极巨大的圆形开口到达那里。"我以生命起誓捍卫这一真理。如果世界人民愿意因这项事业而给予我支持和帮助，那么我将随时准备探索这

---

① 约翰·克利夫斯·西姆斯（1742—1814），美国政府官员、商人、演说家，因于 1818 年提出"地球空洞理论"而闻名。

个空洞。"他以动员口号作为结束语。

"我请求一百位装备齐全的勇敢的伙伴与我同行。我们会在秋季从西伯利亚出发，驾着驯鹿和雪橇，驶过冰封的海面。我保证我们会找到一片温暖而富饶的土地，即便那里没有人类，也会存有大量茂盛的蔬菜和健康的动物。"

上尉的宣言迎来了一片沉默。没有一个富有的王子给予他支持，也没有一个"勇敢的伙伴"挺身而出。尽管如此，西姆斯仍旧没有灰心。他开始巡回演讲，竭力为自己的"地球新理论"争取支持。他乘坐一辆满是灰尘的旧马车在美国西部边远之地长途旅行，从一个城镇到达另一个城镇。在大厅和会议室外，他会摆上一排小道具来辅助自己阐明理论，其中包括一些金属屑、磁铁和几个旋转的沙碗，以及一个顶部和底部都有开口的木制地球仪。在接下来的几小时里，他会讲述关于脚下未知世界的故事来逗观众开心。

转眼之间，西姆斯出名了。他身材矮小、焦躁不安，却是一个充满活力的表演者。观众很喜欢上尉对地球内部的设想，它描绘了一个正在等待人们前去探索的全新领域，此领域将被纳入不断壮大的美利坚合众国。他们把西姆斯称为"西方的牛顿"。消息传开后，西姆斯关于地球隐匿之地的故事得到了报纸和杂志的广泛报道。就是在这个时候，公众开始仔细审视西姆斯的理论背后的科学性，随后意识到这一理论是多么荒谬可笑。

西姆斯的理论基于土星拥有同心圆环而得出：同心性是大

自然的一种普遍设计。因此，"所有的行星和球体一定都是空心的"，由嵌套的球体组成。因此，西姆斯被斥为江湖骗子。一位历史学家写道："人们视这个理论为想象力过度丰富或者局部神经异常的产物，因此这一理论被淹没在一片嘲笑声中。多年来，它也一直是一个丰富的笑料之源。"

尽管他的理论遭到了奚落，但上尉仍然继续发表演说，并向国会起草了请愿书，为自己的探险寻求财务支持。1823年，西姆斯说服了俄国大臣罗曼诺夫伯爵（Count Romanoff）资助自己完成一趟地球内部的旅行，但在最后一刻，伯爵却临阵退缩了。1829年，在加拿大和新英格兰各地进行巡回演讲期间，这位时年四十八岁的老上尉病倒了，死在了自己的马车后座上，随车西去。最终，他被人们普遍认为是一个没有头脑的人，一个耗尽一生去追逐内部世界和生灵的童话故事的人。

然而，在西姆斯死后的几年时间里，西方世界开始痴迷于有关奇异地下生命形态的故事。上尉的理论在不同的小说家和艺术家的作品中得到了展现。埃德加·爱伦·坡支持西姆斯的理论，并将之作为短篇小说《瓶中手稿》的主题；在另一本小说《阿瑟·戈登·皮姆的故事》①中，他还讲述了一位水手前往内部世界旅行的故事。与此同时，儒勒·凡尔纳

---

① 这部小说以皮姆漂泊至南极的冒险故事为主题，反映了书中主要人物的机智、勇敢、积极进取和大胆探索的精神。

在《地心游记》^①中采用了"地球空洞说"。书中，黎登布洛克教授向下穿过了冰岛的一座火山，来到了一个栖息着远古蜥蜴类动物的隐秘世界。小说家赫伯特·乔治·威尔斯^②（H. G. Wells）、"泰山"的创作者——埃德加·赖斯·巴勒斯^③（Edgar Rice Burroughs）、《绿野仙踪》的作者——莱曼·弗兰克·鲍姆^④（L. Frank Baum），以及许许多多的作家也讲述了内部世界的故事。19世纪的最后十年，仅在美国就出版了一百多部关于地下生命形态的小说。

西姆斯上尉是我最早崇拜的地下英雄之一。有一段时间，我把印有他头像的剪贴画钉在了我的桌子上。我把上尉当作一位诗人、一位超现实主义者，而不是一位失败的科学家。他讲述的故事虽然表面上看起来十分古怪，但却包含着旁人难以理解的辛酸。我很好奇西姆斯对地下生命的幻想是如何潜移默化地进入大众的集体想象中的，这感觉几乎就像是他深入了地极，触知了一个古老的真理，并将之融入了集体共

---

① 《地心游记》是法国作家、"科幻小说之父"凡尔纳的作品。小说讲的是一个坚定果敢、具有献身精神的科学探险家黎登布洛克教授同他的侄儿阿克赛和向导汉恩斯按照前人的指引，在地底经过整整三个月的艰辛跋涉，进行科学探险的故事。

② 赫伯特·乔治·威尔斯（1866—1946），又译作"赫伯特·乔治·韦尔斯"，英国著名科幻小说家。代表作有《时间机器》《莫洛博士岛》《隐身人》等。

③ 埃德加·赖斯·巴勒斯（1875—1950），美国科幻小说作家。代表作有《反朴归真》《人猿泰山》等。

④ 莱曼·弗兰克·鲍姆（1856—1919），美国著名儿童文学作家。

同的深层记忆中。

　　有一年夏天，我偶然听说了一个故事，它让我想起了西姆斯上尉。故事讲述的是一队生物学家爬到了沙漠中一个石油钻孔的底部——那儿距离地面大概有 1600 米，他们在那儿发现了一些不同寻常的活生物——单细胞细菌。这种生物长相怪异，身躯蠕动着，本应该生活在可能更深的地下。据我所知，生物学家在世界各地的洞穴、废弃的矿井和其他深的洞穴中都发现了类似的微生物。这些微生物生活在绝无生机的环境中，里面是绝对的黑暗、滚烫的气温、强劲的大气压，且氧气稀缺，而较之氧气更为稀缺的是食物，所有其他生物若生活在此地均会消亡。地下微生物与已知生命是如此不同，它们也可能来自一个遥远的星球。事实上，美国宇航局已经开始将它们作为火星上可能存在的类似生命形态进行研究。结果证明，它们无处不在，甚至在地壳内部以及多孔岩石微观通道内流动的地下水中都有它们的踪迹。这些地下微生物十分古老，有些几乎与世隔绝，已经生存了几百万年之久。要是亲爱的西姆斯上尉能活着看到远古微生物这一神秘的超级部落在地球内部的繁衍生息之景就好了。

　　一些微生物学家的发现让我感到极度吃惊，这些发现也可能是为了告慰西姆斯上尉。他们认为这些栖息于地下深处的生物与地球上最早的生命形式有关，即生命起源于地下。科学家们长期以来一直把地表上温暖的水塘设想为生命的摇篮，但是这些研究者却不这么想，他们认为地球上的生命起源于地下世界，像鬣狗、刺猬、马蹄蟹、河马和人类等生物都是在地壳深处进化的微生物的后代，很久以前就在地面上出现了。

我被一个想法吸引了：我们身体的某个地方可能埋藏着祖先源自地下世界的幻影的印记。因此，我特地结识了一个微生物学家团队，他们正在为美国宇航局的天体生物学研究所进行一项名为"地下生命"的实验。在我找到这些微生物学家的时候，他们正在南达科他州的一处废弃的金矿深处寻找地内生命。这个金矿名叫霍姆斯特克①，位于地下 1600 多米处，其深度比我曾经到达过的地球内部要深得多。

一个春日的下午，天空湛蓝寥廓。我沿着山侧一条蜿蜒的道路走进了黑丘。我穿过了一片被黄松环绕的金色湖泊，进入了一片布满巨石的草地，然后从一片水牛集聚的大草原横穿而过。

黑丘是一座拇指指纹形状的山脉，占地约 11655 平方千米，大部分位于南达科他州的西部，山脉西北边缘一直延伸至怀俄明州。这里拥有北美的一些最为古老的石头，花岗岩和砂岩在大约七千万年前就已从周围裂开的平地中显露出来。这条山脉覆盖着黑松、云杉和枫树，形成了一片黑色的剪影，与大平原上灰白的山艾树两相映照。也许是因为山峦拔地而起的样子像

——————————

① 美国南达科他州的霍姆斯特克矿山曾有着北美埋藏最深、最富有的金矿，已于 2002 年关闭。

一只巨大的且带有尖刺的野兽，又或者像闪电在峰顶痉挛的样子，黑丘长久以来一直让人们保持敬畏之心。19世纪，一位游客把黑丘称作"制造狂风暴雨的精灵和雷神的住所"。

一万三千年前，生活在大平原上的美洲土著部落就已开始在这片山地中漫游了。对他们来说，黑丘一直是一片神圣之地，在这里，他们可以采集药材、捕猎水牛和羚羊，以及砍伐松树。这些原住民会冒险进入山丘上隐秘的峡谷，然后前往石壁雕刻岩画，或者开启视觉探索，以期与精神世界进行交流。拉科塔 ① 部落与黑丘的联系最为紧密，称这片土地为自己祖先的家园，认为这里是他们祖先的诞生之所。拉科塔族把黑丘称作"Wamaka Og'naka Icante"，意为"万物之心"。

在离开纽约的公寓之前，我往包里扔了一本有关拉科塔族的信仰和习俗的旧书。19世纪末，一位名叫詹姆斯·沃克（James Walker）的医生曾在松岭印第安人保护区工作，这本书就是根据他的笔记写成的，是一本事后思考录。我本来打算在飞机上阅读一些关于地下微生物学的文章，但是这本旧书转移了我的注意力。飞机起飞时，我开始读它，然后便对它爱不释手。我了解到，拉科塔部落出奇地迷恋地下文化。一位名叫阿莫斯·巴德·哈特·布尔（Amos Bad Heart Bull）的拉科塔族艺术家曾绘制了一张关于黑丘内部神圣目的地的旧地图，图中显示了一

---

①　拉科塔，美国西部的一个美洲原住民的民族，居住在今日的南、北达科他州。

系列地下空间。例如，在山地的西南部，拉科塔族部落受到吸引来到一片神圣的温泉所在地，还在祖先驱赶水牛进入的落水洞周围举行仪式。拉科塔族人还会特地聚集起来在山洞口举行庆典，尤其是在瓦苏尼亚或者被称为"呼吸洞"，白人也将其称为"风洞"的洞口，那是世界上最大、最复杂的，让人目眩神摇的洞穴之一。每一个洞口都被视为一个通往异世界的入口，一扇连接凡尘俗世和精神国度的大门。当我迁回至黑丘的东北部寻找地下生命时，出乎意料地感受到了拉科塔人信仰背后的光芒。

2013 年，地下生命研究团队开始探索隐藏的生命。在南加州大学生物学家简·阿门德（Jan Amend）的领导下，该团队召集了六十名科学家来探测地球，他们分别来自加州理工学院、喷气推进实验室、伦斯勒理工大学、美国西北大学和美国沙漠研究所这五个机构。科学家们深入世界各地的钻孔和矿井及天然温泉之下，甚至还潜入了大洋底部。每到一处，他们都会采集样本，然后带回实验室进行检验。科学家们的终极目标是找到火星上的微生物生命形态。他们认为火星上的微生物最有可能生活在地下，在那里可以避免受到地面恶劣环境的影响。但是，科学家们想先人一步，在有人前往火星四处探寻生命之前，更好地了解生活在地球上的地下居民，弄懂这些奇异的生物在地下世界的谋生之道。

枯木镇一家老旧的赌场外，恰好开设了一家六号汽车旅馆。在旅馆的停车场里，我和地下生命研究团队的两名成员一起爬上了一辆吉普车。驾驶座上坐的是来自拉斯维加斯沙漠研究所的地球化学家布里塔尼·克鲁格（Brittany Kruger）。她三十岁出头，眼睛是蔚蓝色的，头上束着金色的长马尾，两条胳膊轮廓分明，像攀岩者的手臂。她告诉我，作为一名野外生物学家，她"总是在不同的地方奔波，身上永远脏兮兮的"。坐在她旁边的是来自西北大学的地质生物学家凯特琳·卡萨尔（Caitlin Casar），她身材高挑纤瘦，神态自在悠然，留着一头棕色的短发，两耳上挂着测量仪器。汤姆·里根（Tom Regan）是我们小队的第四名成员，他将带领我们前往矿井深处。

我们驾车驶进了铅镇，这个小镇除中心地带有一个巨大的露天洞穴外，也和其他西部小镇一样有着成排的小房子和低矮的市政大楼。其实，与其说这是一个小镇，不如说这是一个洞坑。霍姆斯特克金矿露天开采处是其唯一一块可以在地面上看到的区域。事实上，这个洞坑大约800米宽，近400米深，从洞口周边的任何一处都无法看见洞坑的底部。（在霍姆斯特克金矿接待中心，只需五美元，你就可以把一个高尔夫球打进洞口。）

霍姆斯特克因美国政府对土地进行的一场卑鄙无耻的抢夺而发展起来。1868年，美国政府签署了一项条约，明确将黑丘的所有权授予了拉科塔人，并宣告白人未经拉科塔人的允许不得进入该领域。但是，六年后，当掘金的传言飘出黑丘后，这个条约便立即失效了。人们蜂拥而至，开始挖掘黄金。1877年，霍姆斯特克金矿由巨富乔治·赫斯特（George Hearst）

开设成立，成为当地最大的发掘地。接下来的一个半世纪里，霍姆斯特克金矿成为西半球最高产的一座矿井，约 2400 米深，配有近 600 千米长的隧道，成为一个拥有发达工业的大峡谷。2001 年，矿井不再盈利，人们关闭了深处的抽水泵，里面开始渐渐蓄满了水。

霍姆斯特克金矿一直处于休眠状态，直到 2012 年，矿主才重新开放这片空间，将其作为桑福德地下研究中心（SURF）所在地以供科学实验使用。对物理学家而言，地下深处是进行实验的理想之地，大量的岩石会成为一个天然的过滤器，能够过滤大量的辐射。我去参观的那天，桑福德地下研究中心正进行十四个自主性实验，其中大部分实验都设置在矿井中修葺一新的部分进行，那里安装着日光灯和明亮的瓷砖地板，还有埋首于笔记本电脑的研究生。此外在矿井下近 1500 米深的偏远之处是黑暗的荒地，那里的岩石还未被人类触及，呈天然之态，热蒸汽从墙上渗透而出。这里就是我们的目的地。

在一条四面都是混凝土的走廊里，我和地下生命研究团队的成员一起等待着电梯——人们也称其为"笼子"，它会先把我们带到 240 多米深的地下，然后直达地底。一些桑福德地下研究中心的员工从我们旁边经过，有身材壮硕的前任矿工，他们现在承担隧道内的维护工作；还有瘦骨嶙峋的物理学家，他们戴着眼镜，平日大部分时间都在实验室中度过。我们都调整了一下自己的装备。我们身穿笨重的蓝色工作服和钢头胶靴，头戴头盔、头灯和护目镜，身上背着一个自给式呼吸器。这个呼吸器相当于一个外部肺，被装在一个像手榴弹那么大的金属罐里，在发生火灾或煤气泄漏的情况下即会启动。

汤姆·里根说道："我们下去的时候，可能会感到有些阴冷。但只要保持冷静，一切都会好起来的。"汤姆是桑福德地下研究中心的安全专员，年近七旬，个子不高，戴着眼镜。他也是一名越战老兵，还在斯皮尔菲什市担任一座教堂的执事。起初，汤姆并没给我留下什么印象。他说的大部分都是与安全相关的缩略词，还列举了各种潜在事故的应对方案。并不是说他粗鲁无礼，而是我感觉他有些不耐烦，举止做作，给人一种冷漠感。总之，我没有很在意他，因为我正在对我们下降的进程感到焦虑不安。

我从来没有到过地下百米以外的地方，而现在我们正在前往这样的地方。不时有人告诉我，游客来到原始矿井下近1500米深的地方时就已经丧失了勇气。一种绝对黑暗、封闭的感觉，或者头顶上方有着1600米长的花岗岩这一事实都会导致他们精神崩溃，因此，人们必须迅速回到地面。这让我想起了一个古老的故事：英国有一群早期的洞穴探险者，他们用绳子把一个同伴吊下一座全然处于黑暗中的垂直洞穴之中。在那名同伴进入一片黑暗地带时，上面的人听到了一声可怕的尖叫，随后赶紧把那名同伴拉了上来。据传，那人的眼睛一直往上翻，头发全都变白了。我调试着紧急防毒面具上的夹子，思考着我们在生理方面是有多么不适应黑暗世界，在地下我们像是奇异的外星人一样。

笼子电梯嘎吱作响地停在眼前，门打开后，我们步入了这个有着金属栅格的大型钢铁箱。电梯操作员是一个犀牛般高大的男人，他身穿工作服，双颊上沾着煤灰。他握了握汤姆的手，然后朝布里塔尼、凯特琳和我咧嘴一笑。"我们今天要到地下去找什么？或者我们只是去散散步吗？"他在电梯引擎的隆隆声中大声喊道。

布里塔尼吼着回答："微生物！"

那个电梯操作员不禁大笑起来，摇了摇头。

他拉动一根操纵杆，电梯门哐当一声关上了，他大喊道："下去！"笼子电梯发出轰鸣，猛地一摇，我们开始坠入一片黑暗。我低下头看向地板。在我的头灯照亮洞口的栅格时，我强烈地意识到约1600米的架空层正从我们脚下消失。矿井的石壁开始向上滑去，刚开始速度还很缓慢，然后越来越快，就如同我们乘坐火箭降落地球一样快。

长期以来，人类一直痴迷于一种可能性，即地下生物可能在地下世界过着一种隐蔽的平行生活。古希腊历史学家希罗多德[①]（Herodotus）在记录公元前五世纪的历史事件时，描述过一个生活在埃塞俄比亚的黑暗洞穴里的民族。"穴居人"（Troglodyte）一词由希腊语的"洞"（troglo-）和"进入"（-dyte）组合而成。希罗多德把穴居人记录成夜间活动的，患白化病的

[①] 希罗多德（公元前484—前425），古希腊作家、历史学家，著有《历史》一书，也因此被尊称为"历史之父"。

俾格米人①，他们吃蜥蜴，暴露在阳光下时会发出"刺耳的尖叫"。希罗多德在其记录的历史事件中发表过许多"伪经"，如像狗那么大的蚂蚁在印度挖金子的故事。但是，穴居人确实存在过。尽管没有目击实录，但是从斯特拉波②（Strabo）和老普林尼③（Pliny the Elder），一直到18世纪的瑞典植物学家卡尔·林耐（Carl Linnaeus），人们一次又一次地提到，地下定居着人类。林耐负责建立了自然界标准的拉丁系统分类。他还将人类分为两种不同的物种，一种生活在地上，一种居住在地下。昼人，或称"白天人"，依靠地上的阳光和氧气生存。夜人，或称"夜间人"，深居在洞穴里，生活在黑暗之中，以夜间打猎为生。居住在地下的人类因为热爱黑暗这一现实情况而逐渐消失，但是地下隐藏着与人类相似物种的这一可能性显然触动了大众的神经，仿佛我们在无意识地寻找我们的翻版——我们自己的影子。

1689年，居住在地下的生命首次得到了发现和确认。当时，一位来自的里雅斯特④的贵族约翰·维克哈德·冯·瓦尔瓦索

---

① 俾格米人泛指男性平均身高不足五英尺（约1.524米）的民族，以非洲中部的尼格利罗人为代表。

② 斯特拉波是公元前一世纪的古希腊地理学家、历史学家。

③ 盖乌斯·普林尼·塞孔都斯（23—79），又称"老普林尼"，古罗马的百科全书式作家。

④ 的里雅斯特，意大利东北部边境的港口城市。

（Johann Weikhard von Valvasor）男爵出版了一本有关斯洛文尼亚的史学巨著。在描述一片名为"喀斯特"的布满洞穴的地区时，瓦尔瓦索写到了一种蛇形动物，它身长约 0.3 米，在暴风雨期间被冲到了洞口。当地人很熟悉这种生物，认为这种蛇形动物是一种未完全发育的卵，是生活在地下的龙的后代。瓦尔瓦索称这种动物为"洞螈"：一种水生蝾螈，一直生活在地下。在《物种起源》一书中，查尔斯·达尔文以洞螈为例，证明了自己的适应性进化理论。洞螈曾经是地表居住群体中的一分子，后来更多地生活在地下环境中，也许是为了寻找避难所或躲避捕食者。渐渐地，在数百万年的时间洪流里，它们有利于地下生活的身体特征被传承了下来。在食物匮乏的地下环境中，洞螈进化出了非常高效的新陈代谢功能，掌握了可以一整年不进食的本领。与此同时，由于洞螈在永恒黑暗的环境中不需要抵御紫外线，因此，它们失去了自身的颜色，皮肤变得像象牙般苍白，甚至连眼睛也变得无用了，完全被遮盖在一层皮肤之下。

不久之后，生物学家就识别出了多种穴居动物。"阴影动物"居住在洞口；"暮色动物"居住在漫射光能照射到之处；最后，"黑暗地带动物"，或者像洞螈这样的穴居动物，它们完全适应了地下生活，而无法在地表存活。洞穴探险揭开了一个梦幻的洞穴生物寓言故事集：白化鲇鱼、珠光蜘蛛、盲甲虫、透明螃蟹和无眼昆虫。人们认为洞穴生物是地下世界的唯一居住者——当然，没有其他生物能够在黑暗地带生存下来。

1994 年，地下王国的大门被打开了，当时一位来自新墨西哥州的年轻生物学家彭尼·波士顿（Penny Boston）爬到了600多米深的雷修古拉洞的最底部。她说，那是一个"你不用离开地球就能尽可能地靠近另一个星球"的环境，它太过遥远，即使是最顽强的穴居动物或者任何其他活着的生物都无法在那里生存。但是，某一刻，波士顿在抬头仔细观察洞穴通道顶上一个毛茸茸的棕色地质生长物时，一滴水直接滴落到她的眼睛里。波士顿惊奇地发现自己的眼睛肿了起来，然后闭合了。这可能意味着她被细菌感染了，被生活在洞穴深处的极小微生物感染了。它们生活在地下深处，位置比任何人能够想象到的要深得多。

现在，研究人员想知道地下世界的其余事物。也就是说，地下世界里看不见的地方位于洞穴之外、岩壳之下。从人类的角度来说，人们认为这些地方是坚固的，但事实上，那里却布满了微小的孔隙和裂缝，里面奔流着地下水。虽然科学界对地壳中存在生命的说法嗤之以鼻，认为那里极度黑暗、酷热难当、压强过高、食物匮乏，但还是有一些微生物学家乐意前去寻找生命的迹象。他们亲自潜入天然气钻孔、油井以及其他人造的洞穴中，甚至自行钻洞，以期从地下深处提取水样。果不其然，他们在寻找的每个地方都发现了活跃的细菌群落。在地下300米处、1600米处、3200米处，在危险且充满毒气的地方，那里的压强是地面的四百倍，温度约为 93 ℃，但那里还是有生命存在的。

随着越来越多的发现的涌现，生物学家们开始设想地下生命惊人的规模和多样性。这就要求他们在观念上发生剧烈的转变。就像哥白尼把地球从宇宙中心拉了出来,达尔文把人类从历史之弧的中心拽了出来一样,这些发现表明,居住在地表上的生命也许只是地球生命总量中的少数一部分。地球内部生命的总生物量似乎等于地表生命的总生物量,也许更多。如果你把所有的地下微生物都放在天平的一端,把所有在地表生存的植物和动物放在另一端,天平就会摆动。2001 年,土壤生态学家戴维·沃尔夫(David Wolfe)写道:"我们对存在于另一个鲜活世界的生物充满疑问,那是一个隐藏的地下生物圈,可能比地上宏大的生命规模还要庞大。"

"地内生命"与生物学家曾经相信的一切有关生命特征的事实都有所矛盾。它们不呼吸氧气,不依赖阳光或光合作用来获取能量,不消耗碳基食物,而是依靠生物学家所称的"黑暗食物链"维持生存状况。它们食用岩石,或者代谢地壳内的化学能量和放射性物质。它们是人类进化过程中的第二个自我,一个来自一本地心空洞小说的神秘部落的真实版本。一个团队于南非某个矿井下 3200 余米处发现了一种细菌,并将这种细菌命名为"金矿菌",也称"勇敢的旅行者",暗指《地心之旅》。在这部著作中,黎登布洛克教授在破解了一条符文信息后,发现了一条通往地球内部的隐秘通道,开启了自己地下世界的冒险之旅。"下去吧,勇敢的旅行者,你将到达地球的中心!"

我们在距地面 240 余米深的地方告别了电梯工人,进入了一条狭窄的岩石隧道。水流自隧道顶部瓢泼而下,敲打在我们的头盔上。在我们身后，笼子电梯嘎吱作响，从我们的视线中消失，一切都安静了下来。在低矮不平的洞顶下，泥浆已漫至小腿的靴子处，我俯身弯腰走了过去。

布里塔尼带头走在前面，我和凯特琳紧随其后，汤姆跟在队尾。空气中弥漫着硫黄的气味，我们的头灯在黑暗中被蒙上了一层雾气。我们位于片岩之中，灰色的岩石上遍布着黄色和橙色的纹理。采矿马车曾满载石料嘎吱嘎吱地上下颠簸在这条小路上，如今我们却正在经过这些写着"危险"和"辅助逃生路线"的标牌。我们往前走，当想起头顶上方有 240 余米厚的坚硬岩石时，我感到心脏稍微加快了跳动速度。我在想，如果我们再次下降 1200 余米到达矿井的底部，我的身体会做何反应。

"我喜欢在这里。"汤姆说道，"当我身处地下的时候，感觉就像在自己的地盘上，有一种如释重负之感。"在地面上，这个男人看起来非常沉默孤僻，总是在枯燥地讲着缩略词和安全事项，但是现在却露出了灿烂的笑容。随着我们继续前进，他变得更加自在放松、温情友善、开朗健谈，甚至阳光、明朗起来。就好像他之前一直在屏住呼吸，现在才开始大口喘息一样。

他讲述了自己如何在山里长大，如何去往越南，然后又如何回到矿场工作，如何扮演电梯工人、测试钻井工人等各种可能的角色，以及如何在地下寻找慰藉的经历。

"我对地下的了解比对镇上街道的了解还要多，"他边说边停下来触摸岩壁上一个小小的凸起处，"在我放假的时候，有段时间不用去地下，我便开始烦躁不安。我和妻子会开车到黑丘转一转，并参观山洞。如果你还没去过风洞，那它将是你所能想象到的最美丽的地方。"

我们听到遥远的矿区传来一阵轻柔的隆隆声，好像有一群动物在远处蜂拥逃窜。"你们听到声音了吗？"汤姆轻声问道，"你可以感受到矿井的移动和稳定，就好像它是活的，隧道正在呼吸一样。"

我们到达了第一个采样点，岩壁上有一根金属管，其大概有 5 厘米长，管内的水源源不断地涌流出来。这个"渗水处"正如它的称呼一样，是由 20 世纪初的人们使用镶有工业钻石的钻头挖掘出来的。它起初用于测试黄金。矿井内有几十个渗水处。汤姆说，这个渗水处已经有一个多世纪没有断流了。

布里塔尼和凯特琳把双肩背包扔到了淤泥上，然后开始工作，顺便调整了下已被泥浆弄脏的头灯和护目镜。她们啪地戴上紫色的乳胶手套，然后开始卸下小药水瓶子、量杯，以及用来测量水流的化学组成、温度和酸碱度的传感器。两人还在管道的尽头安装了一个多层吸管，这可以帮助她们收集未被隧道内的空气污染的水样。

"一个渗水处就像一扇地下的小窗户，可以让我们看到里面生活着什么，"布里塔尼转头说道，"水在地壳流动的周期很长，有时从一个地方流到另一个地方需要花费数千年的时间。我们的想法是，渗水处的水是从地壳深处与世隔绝的水体中流出来的。这意味着我们看到的任何生物体都来自很深很深的地底。"

几周后，实验室会公布结果，告诉她们这些水里到底生存着什么。但是，根据之前在矿井中从不同的渗水处采集到的样本信息，她们有望找到金矿菌家族的物种，这基本上属于南非的"勇敢的旅行者"的表亲。

凯特琳和布里塔尼采集完样本后，便在渗水处上方挂了一块标牌，上面写着："美国宇航局的天体生物学研究所，请勿打扰！"在她们把器材装回背包的时候，水沿着岩壁旋转作响。我蹲下身子，把手放在渗水处的下方，感受着指尖的流水，想知道它从多深的地方汩汩流出。过了一会儿，我才意识到汤姆站到了我的跟前。

他说道："我在斯皮尔菲什有一些拉科塔族的朋友，他们都是我的会众。他们说黑丘的水是圣水，还说地下世界与他们的祖先有所关联。"

汤姆建议我听一听拉科塔族的创世故事——这个部落对自己的起源的描述。他说道："这个故事我了解一些，但真的不是我能讲出来的。你需要和部落里的某个人谈一谈。你应该去参观风洞。"

生命大约起源于四十亿年前，至少西方科学家一直这样认为。能量激活了由简单生化元素组成的"原始汤"，让其中的元素结合为简单的有机化合物。这些化合物变成了氨基酸，聚合形成了 DNA 和蛋白质，最终进化成了单细胞细菌，成了所有生命的祖先。回溯达尔文的理论，研究者认为发生这些原始事件的舞台是一摊浅水，如一处潮池、一个池塘，又或者是海洋上平静的水面。

1992 年，一种全新的理论出现了。该理论是由康奈尔大学的一位名叫托马斯·戈尔德①（Thomas Gold）的退休研究员提出的。戈尔德曾是一名训练有素的天体物理学家，也有探索其他科学领域的本领，并能提出大胆且有悖于传统信仰的理论，而且这些理论往往被证明是正确的。他在追踪人类与地下生命的相遇历史数年后，写作了一本名为《深藏地下的滚热的生物圈化石燃料的神话》的著作，并在书中有力地论证了地下生命的丰富性。后来，戈尔德更进一步提出：生命始于地下。

戈尔德指出，四十亿年前的地球表面是一个烽火之地。它被淹没于火山喷发的熔岩之中、炙烤在强烈的紫外线之下，还遭到一连串小行星的撞击。戈尔德认为，生命最初的微妙反应，正如他所写的第一次"温柔接触"，极有可能发生在上述混乱的场景之中。另外，地下处于稳定的状态，那里没有天气，没有强光，没有剧烈的地震活动。人类的"伊甸园"更有可能位于地下深处，最早的单细胞微生物在那里依赖从深处获得的化学能量而生存。

根据戈尔德的模型，地内生命是厌氧、嗜热、嗜食岩石的

---

① 托马斯·戈尔德（1920—2004）是一位出生于奥地利的天文物理学家，曾担任康奈尔大学天文学教授、美国国家科学院及英国皇家学会成员。

黑暗爱好者，它们并不是我们这些地表居住者的神秘分支；反而是它们先于我们来到这个世界的，我们是它们的分支。于是，戈尔德在人类的创世故事中呈现了一个全新的场景：在温暖的地球内部孕育了数百万年以后，一群古老的微生物从地下世界其余的栖息者那里分离出来，然后缓慢地向上迁移。直到出现在阳光下后，它们才逐渐开始在地面上繁衍生息。戈尔德写道："作为拓荒者，微生物是从地下开始入侵地表的。"

在过去的二十五年中，有越来越多的证据支持戈尔德的理论。微生物学家在越来越深的地球内部以及越来越古老的水域里发现了生命，这些生命可能存活了十亿年之久。与此同时，他们还在地内生命的 DNA 中，甚至是生活在地球相对应的两侧的物种中找到了共同点，就像居住在霍姆斯特克深处的金矿菌一样，这一现象暗示了它们可能有一个共同的祖先。"关于地下生命，现在还很难说出什么绝对肯定之事。"凯特琳告诉我。

"我们见到过在一个微小的区域中生活的生命。"但是年复一年，越来越多的微生物学家开始接受生命起源于地下的说法。

因为这是一个我们一直以来都知道的故事，是人类最古老的故事之一，因此也是一个受到微生物学家认可的故事。虽然地下世界是死亡之域，但也一直是一个子宫，是一个孕育生命的肥沃之地。这里拥有地球的终极魅力，植物在这里通过种子扎根土壤，然后破土而出，就好像我们所有人在母亲的子宫之穴中发育，然后穿过黑暗的甬道降生于阳光下一样。在古代世界，各地的文化都讲述了地下的创世故事，人类学家将其称为"浮现神话"。故事中，原始祖先孕育于地下，然后上行来到开放空间。从澳洲原住民的历史到印度的安达曼群岛的故事，再到东欧的民俗传统，我们到处都能找到这些"浮现神话"的存在，而且它们在古代美洲尤为盛行。根据位于美洲西南部的霍皮人^①和祖尼人^②的传说，如第一批人类起源于地下，以一种幼虫的状态孕育在最深的大地子宫中，当它们穿过身后的大地子宫向上攀登时，开始逐渐变得更像人类。抵达地面后，它们就像是从大地母亲的产道中出来的。与此同时，在墨西哥中部的部落传说中，第一批人类是从一个含有麝香气味的洞穴深处走出来的，这个洞穴名为奇科莫兹托克，翻译为"七凹洞"。在褪色的中美洲古籍中，我们仍然可以看到关于这一洞穴内部的描述：洞内直线排列着七个洞室，每个洞室内都含有胎儿姿势的微小人类，并连着一串脚印通往洞外。巴什拉会把这个故事置于"所有信仰的起源之处"。在考古学家们扭动着身躯进入法国的洞穴深处时，发现了有三万年历史之久的女阴雕刻品，这标志着泥泞的洞穴深处是人类的起源之地。

---

① 霍皮人是普韦布洛印第安人的最西部的居民集团，住在亚利桑那州东北部、纳瓦霍居留地中部和多色沙漠边缘。

② 祖尼人，即北美印第安普韦布洛人，居住在新墨西哥州西部与亚利桑那州的交界处。

现在，我们猛然下落到矿井的最底部——距离地面1600米处。在笼子电梯里，我站在汤姆的旁边，看着石墙似乎因电梯以每分钟下降150余米的速度向上飞撤而去，那速度快得简直让人视线一片模糊。我感到自己的身体正在对周围的环境做出反应。大气压强像一把枷锁一样束缚在我的肩头，空气越来越浓稠，流下的汗水刺痛着我的脖颈。也许在如此之深的地方，头顶上方若真的悬着1600米厚的岩石，我的神经将会崩溃。

但是，当时什么也没有发生。在矿井的底部，我们弯着腰下到了一条又窄又低的地道，那里的石壁由生锈的金属条支撑着。直到抵达一个渗水处时，我们才起身。我蹲在凯特琳和布里塔妮旁边时，看到水从岩石中流溢而出，在我们脚边汇聚成了一个大水坑。我想，这水正带着地下生物一起奔流。我认为自己正在观看一场地球古老生命形态的上涌之旅。隧道里热气腾腾，蒸汽自岩壁袅袅散出，但却并不会让人产生闷热窒息之感，反而让我感受到了一种生成的热量——花园之热。然而，这个环境可能是非正常的，与我们的生理状况相矛盾，超出了人类普通的经验范围，但这条隧道是一个起源之地。汤姆站在我们旁边，看着这个渗水处。他已经在这些地道里来回走了五十年了，觉得待在地下比在地上更舒服，地下已经让他有了家的感觉。汤姆自顾自地轻声吹着口哨，浑身散发着一种安宁的气息，仿佛石墙正在拥抱他。

当所有的样本收集完成后，我们收好了装备，开始穿过隧道往回走，然后登上笼子电梯。我们伴随着电梯的隆隆之声穿过岩石井道返回地面时，没有人多说什么，每个人都沉浸在自己的思绪之中。我们一到达地面，就步入了夜色之中，我顿感毫无精神，精疲力竭。凯特琳、布里塔尼和我迅速脱下了我们沾满泥浆的连体工作服，把护目镜和头盔放入了冲浪的更衣室。在我们把背包和装备装进地下生命研究团队的吉普车的后备厢时，汤姆来为我们送行了。

返回地面后，他的脸上似乎失去了一些光泽，皮肤变得灰白而憔悴。我们握了握手，我感谢他在地下为我们所做的指引。"你需要指路吗？"他问道。

我问他是何意。

"去风洞，"他说道，"那儿离这儿不远。只要从这里上大路，驾车向南穿过黑丘，顺着路标走就行。"

第二天早上，我穿过了露岩，走过了一座山峰，相传，拉科塔族的萨满黑麋鹿曾在那里经历灵境追寻，也经过疯马巨石。在那儿，有一位雕刻家从山的一侧凿刻了拉科塔族首领的头像。待凿刻完成时，这座头像的大小将是拉什莫尔山总统雕像的十倍。沿途我还看到了吃草的水牛、土拨鼠和一只潜行走过高高的草地的丛林狼。直到最后，我来到了一片金色草地的中心，在那儿遇到了一位名叫西纳·贝尔·伊格尔（Sina Bear Eagle）的女士。

西纳来自拉科塔族奥格拉部落，是该部落一位著名首领"无欲酋长"的后人。我曾在一座博物馆的档案室里找到过这位酋长的照片。西纳在黑丘边缘的南达科他州松树岭保护区里长大，她的前臂上文着一个鲍勃·迪伦（Bob Dylan）的刺青，长发染成了青绿色，垂至肩部下方。西纳对我表示欢迎，然后带我沿着一条蜿蜒的小路来到了瓦苏尼亚的入口，或者说"风洞"的入口。

我们一边走，西纳一边说。故事是这样的，这个洞穴是由白人宾厄姆兄弟（Bingham brothers）于1881年发现的。"但'发现'这个词用错了，"她说道，声音听起来既温柔又严厉，"拉科塔人很久很久以前就知道这个山洞了。"

西纳大约三十岁，是一位在拉科塔社会中越来越有名望的女性。她是美国加州大学洛杉矶分校语言人类学专业的研究生，在校学习拉科塔族语。她计划毕业后回到松树岭保护区教授孩子们祖先的语言。夏天的时候，她在"风洞"做导游，向游客们介绍拉科塔族文化以及部落与这座洞穴的关系。

"风洞"已经面向游客开放，里面还配备了通往下面黑暗地带的混凝土台阶。但是，我和西纳只是坐在原始洞口旁边，那是个很小的开口，里面漆黑一片，直径大概为0.6米。西纳解释说，当地面气压低于洞内气压的时候，人能够感觉到风从地下吹来。为了证实这一点，她在嘴巴上衔了一条丝带，并把丝带尾部露在了外面。

"这个洞穴有伟大的瓦坎。"西纳说道，在拉科塔语中这个词表示"神圣"。她手指指向洞口旁边的一丛灌木，灌木丛上挂着一些拉科塔人留下的作供品的小烟袋。西纳告诉我，她第一次参观这座山洞的时候，也留下了一份供品。她当时十二岁，来参加一次学校旅行。她下到地下的时候，立刻意识到自己喜欢这座洞穴。"我知道我想一次次地回到这里来，"她说道，"所以我把自己的一缕头发放在了其中一条通道里，以此承诺我一定会回来。"

我告诉了西纳自己来见她的原因，以及关于微生物学家正在黑丘内部深处开展工作的事，还提到了居住在地下的细菌。微生物学家正在寻找这些无所不在的生物，它们的影响力和重要性才刚刚为我们所了解。我还向她讲述了西姆斯上尉的故事，以及我们对居住在地下黑暗中的如同影子的自我的探寻。此外，我告诉了她一个理论，即居住在深处的生物也许是生命的最初形式，所有的生命都可能起源于地下。

"嗯。"她点了点头说道，没有露出特别惊讶的神色。

西纳停顿了很久，然后开始向我讲述拉科塔族的创世故事。

她说道："最早的人类居住在地下，生活在精神世界中。造物主告诉他们在地下等着，直到地表世界为其准备好为止。这些人拥有能适应地下生活的眼睛，他们在地下散发出微弱的红光，能看到黑暗中的东西。"

西纳说，蜘蛛伊克托米在地面上感到越来越孤独。于是，它把地表上所有最诱人的东西都装进了一个袋子里，其中有衣服、浆果和美味的肉食，然后它打开了陆地上的一个洞穴，派一头狼前往精神世界递送礼物。人们试着穿上鹿皮制的衣服，品尝了浆果，食用了他们尤为喜爱的肉食。那头狼告诉人类，如果他们来到地表，就会找到更多的肉食。人类的首领托卡，"第一个"拒绝前往地表，并警告每一个人：造物主的指令是让他们待在地下，直到地面为他们做好准备。但是，绝大多数人挥手告别了托卡，跟着那头狼往地面而去。那群人抵达地表时，正值夏季，食物充裕，他们过得既健康又幸福。但是，随着天气转冷，他们开始挨饿。当他们向造物主寻求帮助时，造物主对这些忤逆自己的人感到十分愤怒。他把这些人变成了第一群水牛以示惩罚。

西纳说道："直到那时，陆地才为人类的居住做好准备。造物主吩咐托卡带领人们到地面上来。于是，人们向上开启了一段缓慢的旅行，中途停下来祈祷了四次，最后一次是在地面的入口处。当人类出现在地面后，他们跟随着野牛，学习在这个世界的生存之道。"

当西纳讲完故事的时候，我和她静静地坐在这个伊克托米自地上打开的洞穴入口处。一阵凉风从洞口吹了上来，这风源自地下深处，源自大地的石头子宫。

第四章

赭石矿工

是什么能让抬头仰望星辰的人俯伏于矿井之下，甘心扎身于地心深处呢？

—— 塞涅卡，《自然问题》

　　波托西城 [①] 是一座矿工之城，高高地矗立在玻利维亚安第斯山脉 [②] 的冰峰之间，住在这里的人们几乎每晚都能梦见冥王。具体而言，波托西城从塞雷里科山 [③] 的底部延伸开去，此山又叫"富饶山"，蕴藏着世间最为丰富的银矿。16世纪，第一批银矿层即现于世间。当时，已在安第斯高地上生活了数千年之久的当地部落居民蜂拥而至。他们在矿区工作，日日夜夜顺斜梯而下潜入狭窄的矿井。在塞雷里科山山腹，闷热的地下通道底部散发着恶臭，人们在石墙上连砍带刮，用木板车将银矿石吊出地面。

――――――――――

　　① 　波托西，玻利维亚南部城市，是与其同名的波托西省的首府，其号称4090米（实际3976米）的海拔使之成为世界上海拔最高的城市。波托西城也是联合国世界遗产名录中的一员。

　　② 　玻利维亚安第斯山脉，属于科迪勒拉山系，也称"安第斯山脉"或"安蒂斯山脉"，位于南美洲的西岸，从北到南全长8900余千米，是世界上最长的山脉。

　　③ 　塞雷里科山，曾是世界历史上产银最多的矿山。

矿工们刚开始在波托西城工作时，关于冥王的传闻就传遍了各个矿井。他被人们称作"厄勒·蒂奥"（在西班牙语中是"叔叔"的意思），居住在矿井之中，脾气与其雄伟的力量成正比，宽容和凶残的转变也只在瞬息之间。人们都相信是厄勒·蒂奥创造了白银，并指引矿工们找到了富银矿。但是，厄勒·蒂奥的脾气一旦暴躁起来，他就会对矿工们施以无情的惩罚。他会把有毒烟气从墙壁散出，使其在黑暗中引发致命的故障，让矿工遭受重击，从斜梯上掉落，还会给他们带来"黑肺病"之苦。在这个拥有十五万人口的波托西城，每个人都因厄勒·蒂奥而失去过一个家人，塞雷里科山也因此被称为"食人之山"。

在地面上，波托西城的矿工变成了虔诚且定期做礼拜的天主教徒；而在地下如地狱般黑暗的矿井中，他们加入了装饰华丽而又极度不祥的异教组织，成为厄勒·蒂奥的崇拜者。矿工们爬入山中，在每一座矿井深处都建造了人型大小的冥王雕像，使厄勒·蒂奥变得具象化。厄勒·蒂奥危坐于王座之上，头长犄角，鼻翼宽大，蓄着蓬乱的山羊胡，巨大的阴茎高高勃起，显示出强烈的欲望。冥王就这样诞生于矿井之中，拥有由地下黏土塑的身子，由废弃矿灯做的眼睛和由水晶碎片嵌的牙齿。

当整个波托西城在厄勒·蒂奥暴怒的边缘摇摇欲坠时，矿工们便会采取紧急的行动以求得他的满意。有时，矿工们踮着脚尖在他身边小心翼翼地移动，就好像自己可能随时在黑暗中遭到鞭打一样。例如，在厄勒·蒂奥面前提上帝是个禁忌，轻微地暗示他绝不是万能的神也是个禁忌，人们得防止他妒意横生、乱发脾气。甚至瞥见一把形似基督教十字架的斧头都可能让厄勒·蒂奥怒不可遏。矿工们从他面前经过时，都会小心谨慎地把斧头藏于身后以免被他看到。矿工们还会定期向冥王进献一头活的美洲驼。他们把美洲驼装进木板车放入矿井中，牵着它穿过弯曲的地下通道，来到厄勒·蒂奥面前。接着，他们在那里将这种动物献祭，泼洒鲜血于王座之上，然后将它的心脏供献给冥王。矿工们回到地面后，会祈祷厄勒·蒂奥已经餍足，不再渴望人的血肉。

然而，在漫长的献祭转换结束后，矿工们会像孩子面对受人尊崇的家族长者那样，围聚在冥王的脚边，悄悄贴近他的王座。黑暗中，他们讲笑话，聊八卦，放声大笑，在围坐的圈子中传递一瓶辛加尼葡萄酒①（麝香葡萄酒），然后停下来往厄勒·蒂奥的嘴里倒上一点。他们还会在冥王伸出的泥手上放上一罐啤酒或者可可叶以供其食用。当一个矿工在人圈里传递一包烟时，会轻柔地在厄勒·蒂奥唇间放上一根，然后倾身为其点燃。

第一次读到有关矿工对矿井之神的狂热崇拜的描述时，我感到困惑不解。我很好奇，这场焦虑之舞的起源是什么，矿工们惧怕厄勒·蒂奥，将他视为家庭成员的吞噬者，然而为何还能在黑暗中与之和谐相处呢？我翻阅了与安第斯本土文化相关

---

① 辛加尼，利维亚产的葡萄白兰地。

的人类学书籍，希望能从古老的宗教传统中找到答案。但是，厄勒·蒂奥的根源似乎比任何一个可追溯的线索都显得深奥，就好像他是一个最基本的存在，在人类踏入安第斯山脉很久以前就已久居地下深处了。

几年之后，我看到了一张摄有矿工在一座名叫"韦尔德"的小山上挖矿的照片，这让我想起了矿工们对厄勒·蒂奥的狂热崇拜。韦尔德山位于澳大利亚西部地区的偏远内陆，其中的韦尔吉·米娅①矿井是世界上最古老的矿井之一。有证据表明澳大利亚的土著居民早在三万年前就来到了这里。韦尔吉·米娅矿井含有赭石，狭窄的隧道富含软岩矿藏、铁和深红色的黏土。有一张照片上显示有三个瓦贾里部落的男人，他们刚刚爬入矿井收集赭石，现在正在返回地面。摄影师抓拍到了他们的一种特殊仪式：人一出现，他们就突然转身向后倒退而去，嘴间紧张低语，手中挥动枝叶以扫去自己的足迹。照片的随附文字解释：矿工们正在销毁自己的踪迹，以防被性格善变的幽灵看到。这些幽灵被称作"蒙东"，而摄影师称其为"魔鬼"，它们居住在黑暗的矿井之中，时常哼唱凄厉的曲子。那张照片拍摄于1910年，那时，白人刚刚踏上澳大利亚西部的偏远之地，而当地土著居民的传统依然完好如初。

六万多年前，澳大利亚的土著居民几乎一踏上澳洲大陆的

---

① 韦尔吉·米娅，是一座赭石矿井，位于澳大利亚西部的韦尔德山，拥有四千多年的历史，是世界上最古老的矿井之一。

海岸就开始挖掘赭石了。土著居民视这种矿物为极为神圣之物。几千年来，为了爬进这种血红色的矿坑中挖掘赭石，他们经历了漫长而又高度仪式化的朝圣之旅。我想加深对这些传统的了解。我猜想照片中的仪式——紧张地扫去人类足迹以免打扰地底的野兽——也许能够作为一个切入口，帮助我探查古人思考地下世界的方式。

很快，澳大利亚的人类学家便告诉我，自 20 世纪拍摄那张照片以来，澳大利亚的土著文化已经发生了翻天覆地的变化。截至 20 世纪中叶，澳洲大陆上的两百五十个部落中的大部分都因酗酒、贫困、疾病以及与白人的暴力冲突而惨遭毁灭。挖掘赭石的仪式和很多其他实行了数千年的土著风俗也随之退化。那些矿井曾经是土著部落风景的神圣中心，如今也已数年无人问津。有的已失修或坍塌，有的已被人遗忘，还有的已被现代采矿作业吞没。

如今，所有的部落都遭到了损毁，仅有一个部落得以幸免。我得知瓦贾里部落有一个名叫哈姆雷特的家族，他们在韦尔吉·米娅矿井脚下的祖传土地上保留了一座营地。这个家族的大家长——科林·哈姆雷特（Colin Hamlett）成长于韦尔德山，由岭中人抚育长大。那里的人们在欧洲人到达之前，就已经了解了澳大利亚西部。他们和那张照片中被抓拍到的矿工生活在同一个时代。科林是瓦贾里部落中的一位领头长老，也是韦尔德山的一位"传统的传承人"。在澳大利亚土著面前，科林能够"代表地区说话"，说自己是一个人数日渐减少的群体中的一员。这个群体里年老的土著男女依然与这片土地维持着祖传的关联，传承着古老的传统。

　　在我刚开始接触科林的时候，他并不愿意直接和我对话，而是通过一群他所信任的人类学家和支持者与我交流。我了解到他与那些古老的传统之间的关系正在变得越发紧张，一家名为中钢中西部公司①的现代矿业集团争取到了一项土地开发权，将在韦尔德山的某个地方建造一座矿井。正如几千年来柔软的赭石吸引着澳大利亚土著矿工前往韦尔德山一样，如今丰富的铁矿石储量也吸引着来自现代工业的矿工们。科林作为瓦贾里部落的代表，多年来一直拼尽全力阻止外来人口获得对这片土地的开发权。但最终他还是妥协了，意识到这份金融协议将帮助未来几代部落居民免受求生之苦的煎熬。科林在数轮协商中严正要求中钢中西部公司的钻孔机不得出现在韦尔吉·米娅矿井附近的任何地方。从他的要求获得批准到现在为止，已经过去了几年时间，挖掘工作还未开始进行，但是很快钻孔机便会隆隆地驶入韦尔德山。我猜想，科林是为了子孙后代才邀请我前往他家族祖传的营地，并参观那座甚少允许白人进入的神圣矿山的。韦尔吉·米娅矿井里依旧留存着那些古老的传统。哈姆雷特家族的人仍然会不时地下到矿井里收集赭石，就像他们的祖先在数万年里所做的那样。

---

　　①　中钢中西部公司：中钢集团已收购澳大利亚的中西部公司，将其称为"中钢中西部公司"。

　　我从珀斯出发，沿着澳大利亚西海岸驱车十一小时，进入了澳洲的内陆地带，这是一片广袤无垠的不毛之地，澳大利亚人将其称为"边远之地"。大北国家公路是一条狭窄的双车道，我在路上与一辆又一辆十八轮大卡车惊险地擦车而过。这片土地的两边景物都未受到任何影响，整片土地就像在火星上那样辽阔空旷。每隔几小时，我便把车停在路边，下车打破一种单调的乏味。有一次，我漫步进入一片灰绿色的低矮灌木丛，在那里发现了篝火的痕迹以及难以判断其年代的脚印。在一座偏远的叫作"克尤"的小镇，我在一家漏风的老旧旅馆里歇脚，这家旅馆名叫"默奇森河的女王"。店主在旅馆后院存放着一组老式的摩托车车队和一辆老式的双层公共汽车，还有一排锁着金刚鹦鹉的鸟笼。鹦鹉蓝黄相间的热带羽衣就像异域的三角旗，衬托着红色的山岗。

　　次日清晨，天色破晓，我便出发前往韦尔德山。我发现哈姆雷特家族的营地就掩映在一片金合欢的灌木丛中，那是一丛温尼巴树，有六七棵，树上覆积着一层深红色的尘土，这种尘土还散布于每一侧山峦的每道裂缝之中。营地中央摆着一张桌子，桌子上铺着一小块油布，科林就坐在桌旁，长长的银白色胡须散落在他隆起的肚子上。科林喘息着，牙齿已然脱落，眼睛里闪着青光眼的光泽，这一切都表明了他的年龄。但是，他的举止却显得严肃而庄重，他高坐于椅子上，脊梁挺得笔直，两条强健的臂膀在胸前交叠着，他以精神焕发的身体状态散发着个人的魅力和生机。（科林告诉我，其余的瓦贾里族人私下说他是一位"脚长羽毛"的巫师或萨满，虽然他曾向我保证这只不过是一个愚蠢的迷信说法。）家人们把科林称为"老男孩"，比如他们会说"老男孩在自己的卡车前座上放了一把斧头和一把步枪"。科林的大腿上盘坐着一只毛茸茸的白狗，名叫"巴比"，他俩总是形影不离。

科林迎接我时，一边紧紧地握住我的手，比正常情况下的握手延长了半秒，一边直视我的眼睛，似乎是在提醒我，这是他的家族之地，我能来到此处并不是一件寻常之事。我在珀斯遇到过一位澳大利亚土著居民，在我告诉他自己正前往何处时，他瞪大了双眼，告诉我那座矿井是一个充满力量的地方。"当心点儿，朋友，这是个大事情。"他说道。同时，我还向一些人类学家透露了自己此行之目的，他们都建议我小心谨慎、有礼谦恭。握手结束后，科林的态度缓和了下来，他爆发出一串生动而夸张的大笑声。"看看这个城市小伙，"他大吼道，"来到了这该死的灌木丛里！"

围坐在桌边的科林一家人刚从岸边驱车赶来，他们居住在滨海之地，有的在小城杰拉尔顿①，有的在邻近的小镇马勒瓦。他们一起"走出乡村"已经有一段时间了，尽管矿权以及迫在眉睫的土地瓜分问题让他们感到惶恐不安，但是，随着啤酒和香烟的分发传递，气氛变得轻松起来。坐在科林身边的是他的

---

① 杰拉尔顿是澳大利亚西澳大利亚州中西部地区最大的沿海城市，位于西澳州首府——珀斯以北，距其424千米。

妻子道恩（Dawn）——一位有着圆圆的脸庞和精明的双眼的女性。紧挨着他俩的是科林的两个儿子。一位是卡尔（Carl），家人们都称其为"泥土"，他块头很大，神气十足，有着海狮一般的胡子。另一位是布伦丹（Brendan），或被称为"穴居人"，他瘦削而安静，拥有一头自然卷发和一双黑色的大眼睛。他俩后面是一群欢闹的侄辈和孙辈，大多数都二十多岁。（"一群笨蛋。"科林说道。）我竭尽全力想跟上他们的交谈，但是大部分对话语速都很快而且夹杂着大量的瓦贾里语，我听不明白。我看着科林的两个孙子——肯尼（Kenny）和戈登（Gordon）——在围坐的圈中来回扔一根点燃的香烟，他们用两根手指夹住香烟，吸一口，再向对方扔回去。

没过多久，我的思绪便转向了韦尔吉·米娅矿井和蒙东人。当然，科林知道我此行的目的，但我还是对提起这件事情感到忧虑，仿佛一个不得体的问题便可能让他收回对我的邀请。我在座椅上挪了挪，伸长了脖子，试图找出我们的话题中与矿井有关的地方。

"它就在这片树林的另一边。"科林说道，显然一直在看着我。他用手中的香烟指向我身后的那片灌木丛。

"你很快就会见到它的。"科林说道。随后，他的脸上突然展露出了笑容，却莫名其妙地正好让他的话语传达出了相反的含义。事实上，在收到许可参观矿井之前，我需要学习很多知识。

"这是一条老路，"科林指着我们周围的土地说，"黑伙计们花了很长时间才穿过这里来到老韦尔吉。"

自人类存在以来，我们就一直从地下挖掘矿产。二十万年至三十万年前，当智人第一次出现在非洲的某个地方时，就已经从地下挖掘矿物来制造工具了，如用燧石做刀刃，用玄武岩做石斧和锤子，以及用花岗岩做磨石等。随着我们的祖先散布到这个星球的各处，从孔雀石到石英石，从翡翠到红宝石，我们挖掘出了种种我们曾想要获得的矿物。这些石头和金属一直被认为是神圣之物，是须随身佩戴的护身符，被赋予了神谕的力量，应用于宗教仪式之中。即使这些矿物具有实用性，它们也被视作超然存在的代理者，一种连接神之国度的途径。

在我们从地下挖掘出的所有矿物中，红赭石受到了最为长久和普遍的尊崇，没有其他矿物能与之相比。从安第斯山脉的印加人将赭石刷于坟墓之上，到印度中部的狩猎采集者在岩屋背面绘制赭石壁画，赭石在各个地方都被视作神圣之物。有人认为，赭石是整个人类文明中的第一个象征，是我们的祖先用来表达超脱物质世界到达超自然世界的第一种物质。在伊拉克和以色列，人们在距今十万年之久的墓葬上发现了刷在上面的赭石，首次表明早期智人相信有阴世的存在。海法大学的考古学家厄恩斯特·雷舒纳（Ernst Wreschner）将赭石称作"一根红线"，认为它将全人类系在了一起。

澳大利亚土著居民对赭石的狂热追求令早期的欧洲殖民者困惑不已。一名传教士在编纂一部收录一支澳大利亚南部部落的语言的词典时，他最先学会的短语之一便是"我渴望得到红赭石"。定居下来的移民者表示，他们看见澳大利亚土著男子跋涉内陆数百千米，在荒无人烟的风景中一走便是数月，穿越敌对部落的领地，只为参观一座赭石矿井。他们一到达那里，便会跪倒在地，亲吻着地面，啜泣着，仿佛到达此地是一件生死攸关的大事。

红赭石若被碾碎成粉末，与水、兰花汁液、尿液或者血液混合在一起便会形成一种颜料，它是澳大利亚所有土著居民的宗教仪式的核心。人们用这种颜料在岩屋的墙上描画神的形象，其中一些图像在三万五千年后依然栩栩如生。这种颜料在战争前会被刷在盾牌上，在狩猎前也会被刷在长矛和回力镖上。当年轻男女步入成年时，会被涂上赭石颜料。人们死亡时，尸体上也会被涂上赭石颜料。考古学家发掘出澳大利亚的最为古老的墓葬，其中有一具在六万年前被葬在蒙戈湖[①]岸边的男性的尸体，他的骨骼上覆盖着红色的矿物质。

赭石把澳大利亚土著居民和他们有关创世的神话时代连接在了一起，那是一个遥远而又模糊的时代，人们将其称为"梦之时代"。当时，这片我们如今称为澳大利亚的大陆还是一块形状不明的原始广阔区域。澳大利亚土著居民的祖先在梦之时代聚居在这片土地上，如一群数量庞大、强壮有力的动物，以不同的足迹行走在这片大地上，带来了每一座山、每一条河、

---

① 澳大利亚最早的人类化石被发现于新南威尔士西部干涸的蒙戈湖中，有一男一女两具骨骼，被称为蒙戈湖人，定年于三万两千年前。

每一块巨石和每一棵树。据说，红赭石是其祖先的血液，凡是存在赭石矿床的土地，都曾有一位澳大利亚土著居民的祖先死于此处。从地下挖掘赭石，把赭石颜料擦在物体上，用赭石颜料在岩壁上作画，或者把赭石颜料涂抹在皮肤上，都是为了捕捉祖先的精髓。

在哈姆雷特家族的第一个夜晚，科林的家人告诉了我韦尔吉·米娅矿井在梦之时代的创建故事。澳大利亚土著居民的祖先之一是一只红袋鼠——在瓦贾里部落的语言中，它被称为"马吕"。它从海岸向内陆跳跃时，被一名猎人用矛刺伤。随着马吕继续跳跃，伤口开始往下滴血，血落在地上形成了红色的斑点。渐渐地，马吕跳跃的距离缩短了，跳跃的步伐也越来越沉重，它每到一处，鲜血便会从伤口涌出，一座小山随之拔地而起。

"老马吕跳了过来，"科林说着，手指也在空中上下比画，"然后，它跳了最后一步。"在马吕的最后一跃中，他的内脏散落在地上形成了这里的山峦，血液变成了韦尔吉·米娅矿井中的深红色赭石。

我了解到，在过去，在人们得到参观韦尔吉·米娅矿井和收集赭石的许可之前，必须先重走一遍马吕的仪式之路。为了教我寻找赭石的方法，哈姆雷特家族的人不愿直接将我带进矿井，我也不得不遵循古老仪式的步骤。他们用了一个神秘的词，叫"灵歌之径"，我得行走在马吕的灵歌之径上。

第二天清晨，我走出韦尔德山的边缘，穿过了一个宽广的盆地。盆地的边沿环绕着红色的峭壁，人们将其称为"维恩的花岗岩"。我与科林的孙子肯尼和戈登、科林的儿子马迪，以及马迪的狗奥斯卡，走在一起。太阳正在升起，我们都开始出汗了。

"哥们儿，最好挂着拐杖走路。"马迪说道。他的语速很快，嗓音沙哑，他总是闭着一只眼睛，带有一种快乐的海盗气质。

"为什么要那样呢？"我问道。

"有澳洲野犬，"马迪说道，"还有蛇和'bungarra'。"他补充道，用一个瓦贾里词来形容一种被称作"沙地巨蜥"的大型蜥蜴。

这个盆地和大部分的西澳内陆一样，是一片荒凉之地，可怕到让人畏惧。我们经过了一堆堆被阳光晒得发黑的袋鼠骨头，以及一座座如尖尖的红色城堡一样拔地而起的红蚁山。每一阵风吹过，都会掀起一场红色的尘卷风，后者蜿蜒穿过盆底。此处环境如此恶劣，因此在马迪开始指出古代游客的踪迹时，我感到十分惊奇。起初是一块巨石表面上雕刻的一些小型岩画，随后是地上少量的石片。然后，当我的眼睛适应了这里的风景时，我清楚地看见我们正在穿过一片土地，里面都是磨石、坏了的石斧，以及被古老的篝火灰烬装满了的鸸鹋蛋壳，甚至还有一处千年来因无数游客跪地喝水而边缘有所磨损的水坑。过去，这里是一个中心地带。正如故事所说，祖先马吕在去韦尔吉·米娅矿井的路上跳过了这个盆地。

"yamaji（人们）是通过这里来的，"马迪使用一个表示"人们"的瓦贾里词说道，"我们现在在灵歌之径上了。"

"灵歌之径"一词是由20世纪40年代的人类学家提出的，但直到20世纪80年代才由英国旅行作家布鲁斯·查特文（Bruce Chatwin）普及开来。灵歌之径是一个神秘的精神系统，经历了千年的岁月，通过澳大利亚土著文化流传了下来。一条灵歌之径就是一条道路，标记着梦之时代的一位祖先的足迹，它可能是一只鸸鹋、一只沙袋鼠、一条澳洲野狗，或一只马吕。它们穿过原始大陆时，促成了沿线风景的形成。成千上万条灵歌之径就像一张大网里的细绳，交叉贯穿于澳大利亚。它们穿过空旷的内陆沙漠，经过岩石众多的海岸，深入茂密的森林，还有一些灵歌之径则从澳大利亚的一边清晰地延伸至另一边。一条灵歌之径就是一条现实存在的道路，就像地图上的线路一样，帮助澳大利亚土著居民在神圣的地标间寻找方向。同时，一条灵歌之径也是一个故事，以一种混淆现代西方时间和空间概念的方式，讲述祖先神圣旅程中的冒险传奇。最好的类比便是，如果《圣经》《伊利亚特》或《摩诃婆罗多》不是书本，而是地上道路的集合，你就会行走在道路上，唱出其中的故事，而不是通过翻页来阅读，故事的节奏与你走过的路程和土地的轮廓相互对应。这里的人们很少与外人讨论灵歌之径，虽然哈姆雷特一家同意向我展示马吕的灵歌之径，但还是保留了许多信息而未向我透露。其中有些内容已经失传，还有一些内容则太过神圣，无法与他人分享。

通往韦尔吉·米娅矿井的灵歌之径上的朝圣仪式会持续几个星期，就像一支精心编排的舞蹈。赭石团体由一小群男人组成，因为女人不允许进入赭石矿井中——他们从很远的地方，也许是从数百千米之外的地方出发。他们选择与马吕的灵歌之径一致的路线，在路上大声高唱祖先的故事，实时记录每一次的考验和冒险。在离矿井更近的地方，当赭石团体成员开始在地上看到赭石的痕迹，以及过去的探险队留下的道道红色的颜料时，仪式会变得更加隆重，礼节也会变得更加严谨和复杂。

1904 年，有一篇关于一支赭石探险队前往澳大利亚南部一个名为耶金那的矿井探险的报道，生动地描写了去往韦尔吉·米娅矿井的路径已为人所发现的事。这支探险队的成员都是男性，来自一个叫作库亚尼的部落。他们在灵歌之径上走了五个星期。

在最终到达矿井之前，他们禁食，拒绝食物和水，并剃除身上所有的毛发，把鬣鳞蜥的脂肪涂抹在自己的躯体上。在最后的那个夜晚，他们通宵不眠，手舞足蹈至黎明降临，然后突然全速冲进矿井口内。这些仪式中若有任何一个没有完成，带来的后果都是极其可怕的。19 世纪 70 年代，一支参观叶尔金娜矿井的赭石团队由于没有严格遵循这些礼节，在他们进入矿井的时候，屋顶坍塌了，整个团队都消失了，被掩埋在红赭石之下，只有一人幸存了下来。灾难之后，人们说这是由于矿井的守护幽灵蒙东感觉受到了侮辱，因此进行了报复。

我们朝盆地的外脊走去。在沿着悬崖线走时，我们身后跟了一团苍蝇。奥斯卡在灌木丛中追赶蜥蜴。一只白色的猫头鹰从悬崖间的一条裂缝中猛扑而出，翅膀发出了惊人的鼓翼声。

我们还没走多久，这时戈登却四肢伏地，爬进了一个小凹室，并示意我跟上他。

"天哪。"我蜷缩于黑暗中说道。我能听见肯尼和马迪正在裂缝外面哈哈大笑。

在过去的某个时候，一个个澳大利亚土著居民把自己的一只手放在石墙上，然后用嘴将赭石吹到石壁上，创造出了一个个图案。我慢慢向前靠近，观摩它。

"那是马吕的血。"马迪说道。

接着往前走，我们又爬进了一个凹室，发现了另一个赭石手印。接着，在下一个小凹室，我们又发现了两个手印，其中一个手印的大拇指是弯曲的。很快，我们便顺着悬崖线跑了下来。我们发现了数十个手印。在一丛灌木下，我们发现了一块染着赭色颜料的磨石。在一块凸出的岩壁下，我们看到了一个赭色的图案，那是两个回力标，圆形的边缘彼此相对。这条路线上每一处都有来来往往的游客留下的符号，他们的一举一动都被勾画在了赭石里，就像大地上一抹柔和的红色。

有一次，我被挤在了一个岩石间的角落里，紧挨着一个赭石图案。我在那儿看到了一捆细枝，它被精心编织成了鸟巢的形状。在我想要看得更清楚而爬到前面时，肯尼急忙小声地说道："最好别碰它。"

当我转过身时，肯尼、戈登和马迪默不作声，严肃地看着我。

"那是黑人的事。"马迪说。

那晚，我们围坐在篝火旁，周围环绕着低矮的金合欢的灌木丛，肯尼向我讲述了关于那捆细枝的事。他说，几年前，他的表弟布雷恩（Brian）在这个古老矿井附近的悬崖探险时，发现了一捆相似的紧紧缠绕在一起的细枝。为了看得更清楚些，布雷恩把细枝从壁凹里拿了出来，在手里翻了个个儿。然后，他试图偷梁换柱，但很显然他的做法打扰了文物。肯尼告诉我，那天晚上，布雷恩就病倒了，被送进了医院。他在床上躺了三个星期。

"是蒙东吗？"我问。但是，就在这个问题从我嘴里说出来的时候，我咽下了最后一个字，立刻觉得把这句话大声说出来会显得自己既粗鲁又愚蠢。

肯尼没有回答我，也没有任何迹象表明他听到了这句话。

自从我们从地下开采矿物以来，采矿就一直是一种宗教性行为，伴随着复杂的仪式和礼仪。纵观古代世界，很多文化都将藏于地下的石头和矿石称为"更大的地球内部的胚胎"。它们经历了地质年代缓慢的发展进程，在温暖的土地里孕育、生长、成熟、长成。例如，在古代的美索不达米亚 ①，"矿物"在亚述语中的对应词是"库布"（kubu），也可以翻译为"胎儿"或"胚胎"。与此同时，彻罗基族人把水晶当作有感知能力的生物来培育，以动物的鲜血喂养它们。反过来，从地下挖矿物的行为也被认为是一种精神犯罪，近似于把内脏扯出体外。

---

① 美索不达米亚意为"两河之间的土地"，是古希腊对两河流域的称谓，两河指幼发拉底河、底格里斯河。美索不达米亚文明拥有世界最早的文字、学校、史诗、图书馆、法典、数学、天文、建筑。

自你拿着挖掘工具爬到地下的那一刻起，就已经闯入了神圣的秘密世界，参与了一次让精神极度焦虑的行动。

事实上，前现代世界中的每一个矿井都受到了某种形态的地下精灵的困扰。它们是一种性情反复无常的存在，有时仁慈亲切，但更多的时候是睚眦必报。在乌克兰的矿井中，舒宾是一个身披长毛皮大衣的精灵。它会把矿工引到储量最为丰富的矿脉，或者触发一场致命的坍塌事故。德国的矿工私下说，满怀恨意的地精和巨怪会让矿物在黑暗中闪闪发光，它们会使任何靠近之人失明。在英国，有一种名叫"敲门者"的2英尺（0.610米）高的男性，他们会轻敲墙壁，将矿工吸引到地下，最后透过墙壁释放有毒气体。如果不先与这些生物小心地谈判，那谁也不敢从地下挖掘石头或矿石。就像玻利维亚的银矿工向厄勒·蒂奥屈膝献上美洲驼的心脏，以及澳大利亚土著居民行走于灵歌之径一样，世界各地的矿工都进行着复杂的仪式来平息地下精灵的怒火。祭司和萨满负责监督矿井的动工，将圣殿和庙宇建立在矿井的入口处，将宰杀的动物作为供品。在西非的曼丁哥文化中，矿工在爬入地下挖掘矿物之前，会让自己与世隔绝几天，禁食禁欲，以求净化。

如果古代的矿工看到我们现今工业化的采矿作业——用机器在地面上凿出了巨大的洞坑，那么一定会畏缩害怕。他们会指责我们在毫无顾忌地与大地进行一场棘手的交易，指责我们会招来悲剧和大的灾祸。一座矿井一旦坍塌就会使数百人丧生，一场大火若席卷地下通道就会危及矿工的生命，矿井内的化学制品若污染了一条河流或者把疾病传播到了当地的一个社区，古代的矿工们一定会指责我们亵渎了神明，没有安抚好大地的精灵。

夜色已深，星星闪现，我们正好吃完炖袋鼠肉。道恩坚持让我吃尾巴，这是袋鼠身上最柔软的地方。几小时前，科林在小卡车的驾驶室里射杀了这只袋鼠，剩下的袋鼠肉被挂在了附近一棵树的枝杈上。每个人都后仰靠在椅子上，传递着香烟。马迪揉了揉肚子，低声唱道"可爱的马吕"，把最后一个音节"looo"拖得很长。

科林告诉我，第二天早晨我便能拜访韦尔吉·米娅矿井。他说自己已经太老了，无法爬入陡峭的矿井，因此，布伦丹将是我的向导。科林说，在自己的儿子中，布伦丹最能代表地区说话。布伦丹会在空闲时间雕刻长矛和回力标，当瓦贾里部落的人聚集在一起舞蹈时，他是领舞者。

布伦丹当时正坐在我的旁边，探过身子给了我一袋卷烟。"如果你明天在矿井里非常安静的话，就会听见老蒙东唱歌。"他说道，声音很低，我必须侧身过去才能听到。他静静地模仿着那首曲子，一种低沉而悲伤的哀号，自喉咙深处颤动而出。

大家再一次陷入了一片寂静中，直到科林出声。"蒙东，"他说道，帽子边缘下只露出了半张笑脸，"看起来就像年老的黑伙计，只是个子更矮一些。他们一丝不挂地出现，来得快去得也快。"

之后，哈姆雷特家族的人便按照围坐的次序，按照各自的意愿轮流讲述关于蒙东的故事。道恩讲道，有一位人类学家正在韦尔吉·米娅矿井附近进行户外调查时，一个个子矮小、皮肤黝黑、不着寸缕的老男人出现在矿井边缘，低头怒视着他，唱起了一首恐怖悲伤、让人难忘的歌谣。这位人类学家随即冲进了车内，疾驰而去，再也没有回来。

科林也讲述了一个类似的故事。一位女性人类学家称曾有一个老男人出现在她面前，要求她离开这个地方，并冲洗掉她在韦尔吉·米娅矿井留下的脚印。这位女性人类学家也离开了韦尔德山，再也没有回来。此时，科林和道恩轻声地笑了起来，儿子们和孙子们也跟着默默低笑。

马迪讲道，有一次，他的妻子糊里糊涂地把一个蒙东人开车载回了镇里。人们向她打听那个坐在乘客座位上的小老头，不过，她对此未置一词。讲到这里，哈姆雷特一家都情不自禁地哈哈大笑了起来，场面十分热闹，甚至有人将喝的啤酒吐了出来。他们笑得在椅子上后仰，用手拍打着桌子。

我听着这些故事，对其中的氛围感到迷惑，不知道该说些什么。尽管所有的蒙东人都被认为具有危险性，但是哈姆雷特一家谈到他们的时候却满怀温暖和怀旧之心，仿佛在叙述古老的家族传说。

科林过了一会儿才压抑住自己的笑声，讲述了一个发生于几年前的故事。当时，有一群瓦贾里人把前去拜访韦尔吉·米娅矿井作为社群大会的一部分。白天，他们全都前往地下参观这座神圣的矿井，但是，每当夕阳西下，夜幕降临时，却没有一个人愿意靠近那个位置。这群人安营扎寨于距矿井约 1.6 千米的地方，他们所有人都在黑暗中吓得发抖，十分惧怕蒙东人的出现。此时此刻，哈姆雷特家的所有人都尖声笑了起来，乐得几乎从自己的椅子上摔下来，一直用手抹去从眼中流出的泪水。"这些吓坏了的黑伙计，"科林大声吼道，"他们都是成双成对地去尿尿！"

我渐渐明白过来，我在反复倾听同样一种焦虑，这里的焦虑与在波托西城厄勒·蒂奥那里的焦虑一样，恐惧与一种近乎家族的亲密感相混合。

笑声很快便减弱了，科林安静了下来，帽子下的脸色变得黯淡。"好吧，他们在地下嗜杀而凶残。"他说道，声音平淡，甚至带点儿怒气。他吸了一口烟，看向我，说道："你得知道如何应对他们。"

第二天黎明，薄雾笼罩，我们坐着科林的小卡车，颠簸着经过一片灌木丛，来到了韦尔吉·米娅矿井脚下，它就像一座燃烧着的火山，如同电影场景般赫然拔地而起。我和布伦丹从车上取下我们的装备和电灯，而科林和道恩两人带着小狗巴比，在车子的背光处摆上了座椅和一壶咖啡。我们周围的地面上到处都是石器的碎片，这是几千年来前往矿井的游客留下的残迹。谁也没有多说什么。科林向我眨了下眼，那种温柔的神色让我惊讶。他坚持让我们天一亮就来，那时正是山色最鲜艳的时候。

我和布伦丹开始攀爬斜坡，科林的卡车在下面渐渐远去，整个韦尔德山的风光就展现在我们眼前。灵歌之径的路线蜿蜒穿过群山，每一座山峰都标志着祖先马吕曾跳跃经过那里。我们爬上露出地表的红黑色大理石，里面含有整个韦尔吉·米娅矿井内最纯净的铁矿石。中钢中西部公司想要开采这种物质。

"他们永远不会得逞，"布伦丹说道，"在月球上小便更有可能一些。"

布伦丹率先到达了山顶，平静地说道："她在这儿。"我爬上来站到他的身边，目不转睛地看向下面一个豁开的红色洞穴。这个洞穴深深地陷在地下，超出了我的视力范围。洞穴里的颜色让我目瞪口呆。韦尔德山的整片风景呈现出的都是鲜艳的颜色，有的宛若日落时的洋红峡谷，有的如同雨中的深红水坑。但是，这里却是另一种完全不同的肉体之色，它是岩浆的红色，是子宫的红色，让人感觉这里就像是红色的初始之地。

也许是这种颜色，或者是矿井深处展现出的奇特的肉体的温暖，也可能是我在黎明时分双目昏花，让我感受到发自内心的震撼。但有那么一刻，在越过矿井边缘向下凝望时，我可以发誓，我看见有某种生物在黑暗中活动。那是一个小小的如精灵一般的男人，他眨了眨眼睛便消失不见了。

布伦丹爬过矿井边缘，我跟在后面。沿着陡坡走的时候，我采用了一种螃蟹步法，脚先着地，趔趄着向前走。粉末状的赭石像一连串长长的小瀑布，嘶嘶地落在我们脚边。几秒之后，我的全身就染成了红色，似是经历了一场洗礼。在我们爬下去的时候，柔软的赭石吸收了所有的声音，我们的一举一动都无声无息，如坠梦中。我们说话时，声音听起来绵软而遥远，就好像出自其他人之口。当太阳升起时，阳光穿过矿井口斜斜地照下来，赭石微光闪烁，变换出不同的颜色，从温暖的深红到惊人的蓝紫，再到强烈的重粉，如梦似幻。这些颜色使人产生了墙壁在运动的错觉，仿佛整个矿井都在轻柔地跳动。我们仿佛在一个活物的咽喉深处旅行，正为大地所吞噬。

我们停下了片刻，这时布伦丹从墙上拿出了一块赭石。在他递给我的时候，我甚至对触碰这块石头感到紧张不已。

"没关系，"布伦丹说道，"'老男孩'想让我给你找块好的赭石。"

这块赭石比我想象的更轻、更软些。我合上手握住这个赭石块，它便立刻完全散成了粉末状，那质地就像涂抹在女人双颊上的腮红一样。我把赭石粉夹在双手中间，用手指搓了搓，它便在我的掌心微微闪光。

走到半路，我们停在了一个岩架上，那个岩架正好位于带有微光的区域的边缘，向上仍然可以看到从入口处射来的光线，但脚下漆黑一片。一股浓郁的蝙蝠粪便气味从看不见的地方飘了过来。

我注意到，有一只袋鼠的尸体躺在我们旁边的岩架上，脆弱的皮肤染着深紫色。这正是马吕，我们几天来一直讲述着关于它的故事。

"它们跳到这儿来找水，"布伦丹说道，"然后就无法出去了。"

在我们继续前行之前，布伦丹离开了我一会儿，消失在矿井中的一个黑暗角落里，他再次出现时手里拿着一根木棍。这根木棍颜色如骨，年代久远，年复一年地被人持握着，让它显得十分光滑。布伦丹说，他某天在矿井中探索时，发现这根木棍在一条裂缝中，似乎是有人故意藏在那里的。他认为这是一根挖掘棍，即一种采矿工具，是自己的祖先用来从墙上采挖赭石的。

布伦丹把木棍放回了它的隐藏之所，我们继续向下前进，进入了矿井的黑暗地带——蒙东人的吟唱之地。

布伦丹示意我打开自己的头灯。

"希望你没有幽闭恐惧症，哥们儿。"他说道。

在进入黑暗地带后，我们和老矿工们的步调保持一致。仪式将会由一小群专家——赭石祭司来完成，他们是唯一被赭石法则接纳的人。旅游团走过了灵歌之径，讲述了马吕在梦之时代的故事，"打开了通道"，将在祭司的护送下沿着一条长长的隧道进入矿井的红色中心。从前，我和布伦丹进来的那个矿井口是封闭的，仅有一个小缝隙能让一束窄窄的光线射进来。在游客们等待的时候，赭石祭司会顺着矿层，向下进入矿井深部，他们每个人手里都握着一件挖掘工具，工具可能正类似于布伦丹找到的那根藏在墙壁里的棍子。在地下深处，祭司们会轻柔而优雅地在墙壁上劈砍。他们会把掉落的赭石聚集起来，然后与水混合，滚成巨大的圆球，交给游客。赭石祭司在返回地面之时，会转过身来，倒退着走出矿井，同时用一根带叶的树枝扫除自己的脚印，掩盖自己的足迹，以防被蒙东人看到。

我们蹲下身子低着头，爬行穿过狭窄的矿井通道，两人都陷入处处是赭石粉末的环境里，甚至连指甲和眼皮上都沾满了粉末。

周围越来越炎热，空气越来越稀薄，蝙蝠粪便的臭气越来越浓烈。当蝙蝠在我们的头顶上空俯冲盘旋时，我听到了它们翅膀的飒飒声。我还看到了墙壁上的刮擦痕迹，这表明矿工曾在这里挖出过赭石。

我们停了一会儿，背抵着隧道壁坐在那里。黑暗中，我感觉布伦丹就在我旁边，我们俩都紧张而沉默，都在侧耳倾听蒙东人的声音。

过了一会儿，布伦丹摇了摇头。"不是今天，"他说道，"他们把我们留在这里了。"

我点了点头。我听不到蒙东人的歌声。

但是，在黑暗深处，在寂静赭石的包围之中，我能感受到他们的存在，就像我能感受到厄勒·蒂奥的存在，以及其他每一个古老的大地精灵的存在一样，这些精灵曾经都守护着世界各地的矿井。换言之，我能感受到这些精灵诞生于一种特有的焦虑。我们手持工具向下爬入了一个神圣之地，在那里劈砍大地，也像是在劈砍一个活生生的躯体。我们劈砍大地，是为了得到古老的物质，它神秘、神圣而且稀有，是一种存在于我们世界之外的物质。我们努力想把这些奇怪的物质带出黑暗，带到阳光之下。这本就是一种不和谐。

第二天一大早，我和科林、道恩以及巴比在他们的小卡车里一起喝过咖啡后，便离开了韦尔德山，返回了小镇。在路上，我们遇到了一辆轰鸣着驶进韦尔德山的大卡车。这是一辆中钢中西部公司的卡车，它正以一种更快的速度向一座小营地疾驰而去。

这座营地已由该公司在韦尔德山建设完成，位于韦尔吉·米娅矿井另一边的山岭上。中钢中西部公司迫切渴望破土动工：自从土地所有权得到批准以来，已经过去了较长的一段时日。目前，开发工作已经比原计划延后了许多年。该公司遭遇了很多延期问题和挫折：资金被撤走，基础设施倒塌，地方政客们打乱了他们的计划。毋庸置疑，钻孔机总有一天会隆隆地开上这条道路，挖开地表。但是，在带着依然残留于自己掌心纹路中的红赭石驶出韦尔德山时，我想象着蒙东人会在韦尔德山时时隐现以拼命阻挠那些矿工，因为这些人没有遵循法则，没有尊重他们对韦尔德山的管理，丧失了与大地间的古老的联系方式。

第五章

挖洞人

谈到挖掘土地，梦想就变得没有极限。

——加斯东·巴什拉，《梦想的诗学》

20 世纪 60 年代初的一天，伦敦东北部有一个名叫威廉·利特尔（William Lyttle）的人在自己的地下室中开始了酒窖挖掘工作。利特尔清瘦结实、下巴尖削，是一位土木工程师。他拿了一把铁锹，下到了自己的房子底下，然后便开始朝墙挖。几小时里，利特尔一直将潮湿的泥土铲出后即朝身后抛去，直到最后成功地挖出了一个酒窖大小的洞穴。但那之后，利特尔并没有停止挖掘。也许，他享受挖土的节奏、铁锹的声音以及泥土的气味，又或许，他喜欢的是与此截然不同的东西。总之，利特尔坚持挖了下去，一直不停地挖，挖了四十年。

利特尔居住的哈克尼街区的邻居们看着他用手推车把瓦砾一车车地运出地下室，又倾倒在后院的土堆里。起初，他们开玩笑说利特尔正在建造一座地下游泳池。但是，数年过去了，利特尔还在坚持挖着，玩笑便逐渐消失了。随着后院里的土堆越来越高，利特尔的房子因无人照看而被荒弃。破碎的窗户没有人修理，藤蔓爬满了房屋正面，部分屋顶也坍塌了。利特尔总是穿着同一件肮脏的西服外套，下巴上也长出了狼獾一般的胡子。街坊邻居们都说夜里能听见利特尔在自己家的花园底下像一只动物一样刨土。

2006年，利特尔家门前的人行道塌陷了。市政府的代表们前来调查，然后便迷失在了地下室的一片占地广阔、密集纵横的土质地道中。这座地下室有好几层，深约9米，前后左右宽约18米。一些地道又低又窄，还有一些地道很大，用层层堆叠的家用电器支撑固定住了。当时的一位参观者评论说，利特尔把自己的地下室挖成了"一个巨大的蚂蚁窝"。人们认为这座房子不宜居住，于是利特尔便被迁移到一间归政府所有的高层公寓里去了。人们把利特尔安置在了顶层，以防止他受到诱惑继续挖洞。

新闻界得知地道的消息后，利特尔一时之间便因被小报描述为"哈克尼街区的鼹鼠男"而暴露于聚光灯之下。哈克尼街区的酒吧把利特尔当作一名本地英雄，同时，伦敦人也前去瞻仰、膜拜那座如今由脚手架撑起的房子。

在房子的正面，市政府安装了一块纪念匾，上书："鼹鼠男"——威廉·利特尔；挖洞人，住于此，挖于此。2010年，利特尔去世后，市政府成员进入了他所住的那间高层公寓，结果发现利特尔在墙壁上挖了个洞，从一间房挖到了相连的另一间房。

利特尔死后不久，就在人们拍卖他的那座奇特多孔的房子时，我偶然听说了他的故事。在研究利特尔多年以来接受的采访时，我发现他从未解释过驱使自己前去挖洞的真正原因。"我想我喜欢挖洞。"利特尔对一名记者说道。"我只是想要一个大的地下室。"他对另一名记者说道。他还在一次采访中说："发明无用之物是一种极致的美。"我找到了一张利特尔的老照片，照片中的他现身于自己后院的瓦砾中，看上去浑身脏污，野性十足，但是脸上却带着一种近乎安详的表情，仿佛作为挖洞人，他拥有一个珍奇的秘密。

我了解到，威廉·利特尔并不是孤身一人。在世界各地，有一大堆"鼹鼠人"的案例，他们陷入了一种神游状态，穷尽一生都在进行地下挖掘，但是却无法说清楚这样做的确切原因。利奥瓦·阿拉克良（Lyova Arakelyan）是一名住在亚美尼亚农村地区的男性，他在自家地下室挖掘出一个土豆地窖时，当场惊呆了。此后三十年里，他便一直致力于挖掘蜿蜒曲折的地道和螺旋楼梯。对那些询问缘由的人，阿拉克良只是解释说自己每天晚上都能在梦中听见一个声音告诉他应继续挖掘。昆虫学家小哈里森·G. 戴尔（Harrison G. Dyar, Jr）在位于华盛顿的两栋独立房屋下挖掘了一条 400 米长的地道。1924 年，在一辆小汽车陷入地道后，这条地道才公于众。当时，戴尔告诉媒体说："我挖地道是为了锻炼。"莫哈韦沙漠有一位名叫威廉·"布罗"·施密特（William "Burro" Schmidt）的老头儿，他用三十二年的时间挖掘了一条近 640 米长的地道，该地道直通一座花岗岩山的一侧。（"我认为，这只是一条近路。"）还有一位年轻人，名叫埃尔顿·麦克唐纳（Elton

MacDonald），他偷偷地在多伦多的一个城市公园下方挖了一条9米长的地道。在警察声明这条地道可能是恐怖分子的一个藏匿点后，这件事引发了全城的恐慌。

在麦克唐纳揭露自己就是那位挖掘者时，只是解释道："挖掘让我放松。"19世纪，有一位叫作威廉·卡文迪什-斯科特-本廷克（William Cavendish-Scott-Bentinck）的公爵，他和一群工人一道在自己的庄园下挖出了一个完整的地道大都市。里面设施齐全，有一座图书馆、一间台球室，以及一个面积为九百多平方米的舞厅。这间舞厅完全是由泥土建成的，公爵将它用作私人旱冰场。

我在邂逅了一个又一个的"鼹鼠人"后，开始想象这一全新的心理综合征。DMS-5[①]中有一个新的词条叫作钻孔癖，源自拉丁语"perforo"，意为"挖掘，挖隧道，挖地洞"。总之，我怀疑"鼹鼠人"的行为只是一种更广泛、更深层冲动的表现。

我在一本旧的土耳其旅游指南上读到了有关卡帕多西亚[②]挖洞人的记载。书中描述了在土耳其广袤的中央高原上零星散落着的一些小城和村庄。这块地区下面覆盖着凝灰岩，那是一种由压实的火山灰深层积淀而形成的软石。就岩石而言，凝灰岩就像培乐多彩泥，易于操作，而且足够坚实，能够维持自身

---

① DMS-5：美国精神病学协会所著的精神疾病诊断与统计手册。

② 卡帕多西亚是历史上的一个地区，大致位于古代小亚细亚（土耳其）东南部。

的形态。也就是说，它是主要的挖掘物质。如果说大理石雕塑艺术在文艺复兴时期的佛罗伦萨达到了极致，那么洞穴挖掘活动则在古代的卡帕多西亚达到了顶峰。

我从书中读到，该地区的每一个居民点下面几乎都有一个手工挖掘的洞穴网，它们由迂回曲折的地道相连，在旅游指南上被称为"地下城"。一些地下城空间极大，就像倒转的城堡，深入地下十多层，足以容纳数千人。而且，这片大地上分布着数百个这样的城堡。考古学家明白，至少在某些时候，这些地下城是用来避难的。在遭到敌人攻打时，地上的村民便会撤退到地下以保安全。然而，除此之外，这些地下城的存在着实让人难以理解。古籍中从未提及过这些地下建筑，考古资料中也鲜有发现。一些地下城与三世纪到四世纪生活在卡帕多西亚的早期的基督徒有关，一些地下城的历史可以追溯到距今更为久远的年代，甚至可以追溯至更为模糊的史前时期。有一个故事把地下城的起源追溯到了波斯古国，当时的波斯王名叫叶马（Yima）。为了挽救自己的国家于一场即将到来的灾难，他挖掘了一个巨大的地下避难所，其中有许多楼层以及蜿蜒的地道。旅游指南里有一幅小插图吸引了我的眼球，那是其中一个地下城的剖面图，展示了一片惊人的密集洞穴，里面挤满了挖洞的人。这里有完整的文化，威廉·利特尔和"鼹鼠人"的祖先把一生都献给了洞穴挖掘事业。

我乘坐通宵巴士，从伊斯坦布尔来到了卡帕多西亚。在踏上位于地区中心的格雷梅小镇的土地时，我目瞪口呆地看着这里的风景。数百年的风吹雨打把这里的凝灰岩塑造成了淡黄色的石山，这在地质学上是让人难以置信的，就像儿童画的外星球插图。公交车站的外面正好有一群直立的方尖石碑，它们叫作"仙女烟囱"。仙女烟囱也许会为你带来好运，但也有可能在那儿居住着报复的精灵，这取决于你所询问的对象，对后者，你无论如何都要避开。

我落脚在一家名为"埃姆雷"的洞屋旅馆，那是一小片在小镇郊区的一处石山上挖出的房间。这里的入住价格是周边地区中最为实惠的，但环境有些荒凉。门前的草坪上有一个生锈的游泳池。店主与旅馆同名，是一位大腹便便、气质忧郁的男子。他边喝红酒，边向女顾客们展示自己的马匹的照片。他将那匹马养在了附近的一家农场里。

我每天都会从格雷梅小镇出发去参观一座地下城。有一些地下城可通过乘坐公交车抵达，但是大多数位于偏远的村落。我曾沿着蜿蜒的长路徒步而行，路上会有卡车司机和农民载我一程。那些村落的名字——Ozkonak、Derinkuyu、Kaymakli——念起来就像这片土地一样崎岖。我随身带着一本在伊斯坦布尔找到的教科书，里面的内容是有关当地考古学的。写这本书的历史学家名叫厄梅尔·德米尔（Ömer Demir），他对地下城的热爱及其别具一格的英文翻译方式都让他成了我风趣幽默的好帮手。

在一个起雾的早晨，我来到了奥兹鲁斯，这个小村落位于一处火山缓坡的中间地带。沿着主路往上走时，我偶遇了一位头戴方巾的、裤子随风鼓起的老妇人。她正在清扫自家门口，头上方的烟囱里升起了袅袅炊烟。

我问道："Yeralti Sehri?"这句话在土耳其语中是"地下城"的意思。（我的土耳其语水平仅限于说出"你好""你好吗""谢谢""再见"以及"地下城"。）她示意我跟在她身后，然后引我来到了一栋小型建筑前。事实证明，这是一个便于人们寻找的标记。

我走进门内，打开灯光，沿着一段石阶往下走，进入了一个蜂窝状的密集的漆黑洞穴。洞壁是焦糖色的，洞内的空气湿冷得连我呼出的气体都清晰可见。我缓慢地前进着，途中手脚并用地爬过低矮的通道，挤过狭窄的走廊，也俯身从拱门下钻过。

地下大约有六个洞室，体积从壁橱到四车位车库大小不等，所有的洞室都由狭窄的地道连接。它们都是粗凿而成的，没有硬边硬角，只有变形虫般柔软的形状。洞室里落满了尘土和蜘蛛网，闻起来还有一股霉味。这里已经很久无人踏足了。大约半个小时后，我发现我很难看清这个空间，它给人一种寒冷、陌生、空洞之感。我没有看到任何我在旅游指南的剖面图上看到的集体挖洞的迹象。当然，也没有任何提示表明我们挖洞的冲动源自何处。我似乎是在一个错误的地方参观，又或许是在以一种错误的方式参观这个地方。

在返回入口的时候，我看到门口的一侧有一个巨大的圆盘石块，其大小和形状就像一个庞大的卡车轮胎，重几千镑。石盘被直直地竖起，塞在一个狭槽里。据厄梅尔说，一旦有人入侵，村民们便会撤退到地下，把石盘滚到门前，从内部封堵地下城。这片区域里所有地下城的入口都由石盘守卫。

对于参观的每一座地下城，我都绘制了地图和图表，将发现的物品记录于清单，拍摄了每一条地道和每一间洞室的照片，用手抚过了每一块石盘。有时，我能在地下待上数小时，直到手指失去知觉。无论找了多久，我总是觉得自己没有真正地理解地下城，仿佛它的血统里有某种让我困惑的东西。有时，我在探索了几小时后，会坐在一个深洞中用指关节叩击墙壁，仔细听声音的变化，寻找某个可能藏有线索的秘密洞穴。

一天下午，我在奥兹克纳克村遇到一位老农，他叫拉蒂夫（Latif），他独自发现了一座地下城。拉蒂夫是镇上的伊玛目[①]，说话声音低沉而洪亮。他只有一条手臂，幼年时因从树上摔落而失去了另一条。拉蒂夫告诉我，1972年的一天，他正在自家田间散步，突然注意到水从地上消失不见了。于是，他开始往地上捅戳，紧接着便有一个洞开了，他感到一阵凉风扑面而来。拉蒂夫继续挖掘，一个洞穴通向了另一个洞穴，然后又通向了下一个洞穴，越来越深地通往大地内部。我询问拉蒂夫，发现这样一个让人迷惑的建筑物有何感受。他意味深长地看着我片刻，嗒嗒地转着指间的念珠，说了一些让我十分惊讶的话。"地下城并不那么奇怪，"他说道，"它们无处不在。挖掘这些地下空间是一个十分古老的

---

① 穆斯林中具有领导能力的人物。

问题。它是一件出于本能要做之事。"

事实上，生命历史上最早的复杂动物是穴居动物。埃迪卡拉动物群 ① 是生活在五亿四千两百万年前的一种微小且神秘的生物，是第一种进行有氧呼吸的多细胞生物，也是古生物学家所称的"第一批显生宙"，或称"可见生命的宙"。它们居住在大洋底部，通过在地下挖掘地道网来保护自己。古生物学家在地球的各个角落都发现了它们的洞穴化石，这些化石造型美丽而怪异，人们将其称为"痕迹"。

从那以后，掘穴成了生物在进化过程中最重要的生存方式之一，它们以此来阻挡捕食者、保卫幼崽，并且在恶劣天气下保护自己。从鱼在海底掘穴到鸟在沙漠挖洞，动物在每一个生命存在的区域及每一个栖息地都通过掘穴来繁衍生息。实际上，生物学家所认为的"生命史上最成功的陆栖动物"便是挖掘者——蚂蚁，它们已经在地球的各个角落繁衍了一亿年之久，数量大约占整个地球陆栖生物总量的百分之十五。它们长时间地挖掘出庞大且设计巧妙的地下巢穴，有一些有 9 米多深，覆盖地面积也像一座小房子的占地那么大，里面包含成百上千个入口和成千上万间洞室。每一间洞室都有它自己特定的功能，一些用来存储食物，一些用来处理垃圾，还有一些用来抚养蚁群的幼蚁。

按照所有的进化逻辑来看，人类不应该在地下挖洞。我们

---

① 埃迪卡拉动物群位于澳大利亚南部的埃迪卡拉地区。

体型庞大，身体直立，四肢修长，需要依赖充足的阳光和空气来生存。从生理学来说，地下空间压抑、黑暗、封闭，而且缺乏氧气，其他环境都不像地下空间那样让人难以忍受。挖掘洞穴是体验幽闭恐惧症的一种最具体的形式，就像把自己关在一座坟墓里一样。

　　然而，纵观历史，我们在世界的每个角落都挖掘了洞穴。正如哲学家保罗·维利里奥[①]（Paul Virilio）在自己的关于地下避难所的研究著作《地堡考古》中所写的那样，"当国家间爆发战争或冲突时，处于极度绝望中的我们会向黑暗深处挖掘洞穴，把自己关闭在'地球的最厚层'中"。16 世纪，马耳他人在自己的城市底下挖出了迷宫般的地下通道网来抵御土耳其人的入侵。同样，越共游击队在丛林之下挖出了蜘蛛网状的隧道城市；如今硅谷的科技巨富们正在挖掘宏伟奢华的地堡建筑群以预示世界末日的到来。挖掘洞穴是历史上最古老的故事之一。先知以赛亚[②]如此描述耶和华降怒于异教徒的那天："由于敬畏上帝，畏惧其荣耀，他们必须进入岩洞中，进入地穴里。"

　　"冷战"时期，美国掀起了当代最为疯狂的挖洞热潮。俄罗斯人和美国人就像尤利乌斯·罗伯特·奥本海默[③]所比喻

---

　　①　保罗·维利里奥（1932—？）是 20 世纪 70 年代以来最富原创力的法国哲学家之一，同时也是著名的城市建筑家、随笔作家。

　　②　以赛亚，《圣经·旧约》中的人物，是《以赛亚书》的作者。

　　③　尤利乌斯·罗伯特·奥本海默（1904—1967），著名的美籍犹太裔物理学家，被誉为"原子弹之父"。

的 "一个瓶中的两只蝎子"，在导弹发射按钮上掰手腕。人们坚定地认为，到地下挖洞是从濒临爆破的核弹中存活下来的唯一方法。

家家户户在郊区后院中拿起了铁锹，来挖掘防空洞和散兵坑。他们往里面储存水鼓以及绰号为 "原子炮" 的生存饼干。数百家公司提供现成的个人避难所，产品款式多样，就像探险野营车和按摩浴缸一样，从 "经济款" 到 "豪华款"，应有尽有。

新墨西哥州的阿蒂西亚市修建了一所地下学校。该学校唯一可从地面见到的地方是一座操场，下方是可供四百二十名学生学习的教室。倘若发生核袭击，这里还可庇护两千名市民。学校自助餐厅的小型冷藏间可转换为一间停尸房。有一名学生告诉一位报社记者说："待在地下的感觉很有趣，至少你知道自己是安全的。"

与此同时，纽约市政府正在考虑一项关于曼哈顿避难所项目的提案，他们计划建设一个 240 余米深的避难所来容纳四百万名曼哈顿居住者，容纳期限最长为九十天。提案中的避难所拥有九十二个入口，能让曼哈顿的居住者在三十分钟内跑进防护门。

"美国从未发生过这样的事情，" 当时的一位记者写道，"如此多的人无比疯狂地从地下挖出了这么多的泥土。"《纽约时报》描述了这样一个场景："上周，一个六岁的男孩被发现正忙着在自家门前平整的草坪上挖洞。'你在干什么？'他的母亲惊恐地问道。男孩并没有停下手中的动作，而是回答道

'我正在挖一个大洞，好躲避炸弹'。"

当时的评论家认为，人们进行地下挖掘活动是一种不正常的人类行为，是一种冲动的动物性表现，这不应属于人类。正如一位作家所说的那样，"我们对坟墓挖掘的默认改变了人类的发展轨迹"。这位作家还写道："当原始人开始离开洞穴走向光明后，注定要前进和上行，而非折返和倒退。" 然而，我们却双手抓着铁锹，一锹一锹地把大量泥土抛向了空中。我们所有人似乎都陷入了同样的精神恍惚之中，就像威廉·利特尔在自家屋子底下挖洞一样。

与拉蒂夫交谈后，我参观了那座规模最大的名叫"代林库尤"的地下城。我站在一片被风吹动的田野中央，走下了一段深入地下240余米的长石阶。在经过洞口石盘的那一刻，我感到一阵强风自地底吹来，预示着下面有一个巨大而纵深不浅的洞穴网络。

我漫步穿过一间石室——据厄梅尔说，那是一个牲口屋。接着，我又来到了下一间。最后，我来到了一间大的石室，这里曾是厨房，地面中间有一个能生火做饭的小坑，墙上还挖了些可以放置蜡烛的小格子。厨房隔壁是一间食品储藏室，里面有用来存放谷物的陶罐。洞顶有通风口，凉风从那里猛灌而入，深井也降到了地下水位的高度。继续往前走，我经过了一间宿舍，后面紧接着的是一间很大的石洞，据厄梅尔说，那是用作教室的。代林库尤地下城只被清理出了一小部分供游客参观。过去，这座地下城多达十八层，拥有数百个石室和通风井，还有四十多个出入口。如今，它们大部分都已被掩埋在了现代建筑之下。

当漫步穿过代林库尤时，我发现地道是如此曲折蜿蜒、洞穴密布，见识到了地下城网络的规模是那么庞大，地道是那么杂乱，这一切让我有一种自己被缩小了的感觉。我从一间房走到另一间房，想象着自己随时可能拐进一条通道，然后由一群蚂蚁裹挟着，奔向黑暗之中。

在我爬回地面，步入一片距代林库尤地下城不远的干枯河谷时，那种被缩小了的感觉仍然在持续。侵蚀问题已然使地下城的一部分出现了坍塌，露出了一个横断面。这个横断面延伸了近 1.6 千米，如实地展现了地下城的内部结构。

在我沿着河谷慢慢前进时，不禁发现，这座地下城的横断面与蚂蚁窝的剖面图竟惊人地相似。

我一边沿着河谷向深处走去，一边深思着这种建筑上的奇特映射，这时，天空下起了雨。我迅速地冲向岸上那座古老的地下城，躲在了一个洞室的边缘下方，看着雨滴落在面前的尘土之上。我回忆起德谟克里特[①]（Democritus）的一句话："在最为重要的事情上，动物是我们的老师。"我很好奇，蚂蚁和人类在建筑上的这种呼应是不是某种教学形式的产物、一种物

[①] 德谟克里特（约前460—前370），古希腊伟大的唯物主义哲学家、原子唯物论学说的创始人之一。

种间思想传播的结果。我想起了在霍皮部落[1] 里流传的一个古老神话。传说在很久以前，大地上爆发了一场大火灾，这场火灾几乎席卷了整个人类，最后一刻，多亏了蚂蚁的拯救，人类才未被灭绝。随着火势逼近，蚂蚁赶了过来，把人类带到了自己的巢穴，安置在地下通道中，直到大火熄灭。当人类回到地面，重建自己的生活后，他们的内心对蚂蚁一直充满了感激之情。

总之，人类和蚂蚁的建筑结构上的相似问题一直萦绕在我的心头。回到家后，我便前往佛罗里达州的塔拉哈西市[2]，去拜访一位研究蚁巢结构的昆虫学家。

在塔拉哈西的一个湿热的早晨，沃尔特·特辛克尔[3]（Walter Tschinkel）开车载我去他位于阿巴拉契科拉国家森林[4] 的研究站。特辛克尔当时年近七旬，研究蚂蚁已有半个世纪之久。途中，我们谈到了他在亚拉巴马州[5] 度过的童年时光。特辛克尔说自己在那里长大，在他家附近探索了许多洞穴，还曾一路跟随蚂蚁行走。但随着谈话渐渐减少，我们很快便安静地开车了。我看得出他是个沉默寡言、言之有理的人。

---

[1]　霍皮族，美洲原住民部落，主要生活在亚利桑那州东北部的霍皮族保留地中。

[2]　塔拉哈西市是美国佛罗里达州州府。

[3]　沃尔特·特辛克尔，国际知名蚁学家、昆虫学家和杰出的生物科学研究教授。

[4]　阿巴拉契科拉国家森林是美国佛罗里达州的一处国家森林，于1936年5月13日建成，最近的城市为塔拉哈西。

[5]　亚拉巴马州是美国东南部的一个州。

我没有告诉他自己前来的全部原因，没有告诉他关于"鼹鼠人"和地下城的事，也没有告诉他自己关于人类为何具有挖洞的冲动性的疑问。

特辛克尔的研究站位于一片被灌木丛环绕的沙质空地，地上有两种蚂蚁的巢穴，其分别是立毛蚁和佛罗里达盘腹蚁。为了找到活跃的蚁巢，我们把几片维也纳香肠作为诱饵放在了地上，等待蚂蚁出现。多年来，特辛克尔一直致力于研究蚁巢结构，并且试图了解蚂蚁是如何利用蚁巢的各个部分的。然而，让他沮丧的是，他永远也看不到一个真正完整的蚁巢，因为挖掘蚁巢的同时也在摧毁蚁巢。对此，特辛克尔的解决之法便是制作蚁巢的金属铸件。

我们在一个自制的烧窑里熔化了一些锌屑，这些锌屑是特辛克尔从海军造船厂的旧的阳极上回收下来的。之后，我们戴上了厚厚的隔热手套，把坩埚拿到了每一处蚁巢，将熔化的锌液顺着入口倒了进去。炽热的银色液体便汇聚在一起，并消失在地下。不幸的是，蚁巢里的蚂蚁都牺牲了。特辛克尔说："这是生物学的一部分。"

我们在其中一个蚁巢的旁边挖了个大坑。锌液已经向下流入了每一条地道、每一个洞室以及每一个地道的交叉点，并硬化成形。我们轻手轻脚地从地下取出这个金属铸件，看着它像一件来自古代文明的奇特遗物一样，慢慢地从泥土里展现了出来。

后来，特辛克尔把我们做的蚁巢铸件加进了自己的收藏，并把它陈列在了自己的车库中。他在车库的顶棚悬挂了几十个金属蚁巢铸件，它们看起来就像是金属质的枝形吊灯一样。他解释说，每一个铸件都是由一种种类的蚂蚁创造出来的。

其中有一些蚁巢铸件的体积相当大。

但当我拿起一个蚁巢铸件时，我发现这是一个佛罗里达盘腹蚁的巢穴，也就是我们刚刚在森林中浇铸出来的其中一种蚂蚁的巢穴铸件，这让我产生了一种难以言明的奇妙之感，就好像我正拿着一个代林库尤地下城的精确微缩模型一样。

我们一整天几乎都在沉默地工作，但现在我再也压抑不住自己了，开始向特辛克尔说明自己前来拜访他的全部原因。我跟他说了威廉·利特尔，说了"冷战"时期的挖洞风潮，说了卡帕多西亚的地下城，还说了地下城中的厨房，以及地下城中被滚到洞口抵挡敌人入侵的石盘。

这只是我的开始。我打算向特辛克尔提出一个观点。

我想说，挖掘是一种原始行为，是人类所做的最基本的事情之一。我们在地上掘出洞穴，然后爬入地下。这时，我们是在进行一个真正永恒的行为。在向下的过程中，我们遇到了最早的哺乳动物的祖先，也遇到了第一批脊椎动物，最后一直抵达进化树的根部，来到了多细胞生命的起源之地。我想说，人类作为穴居大家族中的一分子，总是能不由自主地感受到自己与大地之间存在的一种古老而强大的联系。我们从地下挖掘得到的安全感以及被大地拥抱的感觉，比我们对封闭的恐惧更为深刻，也比我们对黑暗或者是被活埋的恐惧更深刻。我想说，也许蚁巢和人类洞穴的相似性是在提醒我们，人类和其他任何物种一样，只是一种和大地相互作用、相互影响的动物，我们都在为一些永恒的问题寻找相同的解决方案。

但是还没等我开始阐述我的观点，特辛克尔就打断了我："你说的石盘是什么意思？"

"一种巨大的圆形石头，"我说道，"形状像一个甜甜圈。"我拿出自己的笔记本，开始给他画石盘的样子，"他们会把石盘滚到相应的位置上，当……"

特辛克尔不停地点头。在看到他脸上的表情时，我停止了讲述。

"在哥斯达黎加有一种蚂蚁，"他说道，"叫作隐叶蚁。"

特辛克尔在华盛顿长青州立大学的同事约翰·隆吉诺（John Longino）最近发现了这种蚂蚁。特辛克尔解释说，隐叶蚁长久以来一直受到一种特殊的行军蚁的进攻。这些行军蚁十分争强好战，隐叶蚁为了抵御它们的攻击进化出了一种特殊的适应能力。"它们在蚁巢的入口旁放了一个大小刚好合适的鹅卵石，"他说道，"在行军蚁进攻时，隐叶蚁便会撤退回巢穴中。最后一只进洞的蚂蚁会把鹅卵石拉过来堵住洞口。"

离开塔拉哈西市不久后，我给约翰·隆吉诺发了封电子邮件。他在回信中附上了一些隐叶蚁的巢穴的照片，蚁巢入口旁还放着鹅卵石。照片中有一只蚂蚁，显然是敌军来临时蚁群中最后一个撤回地下的，它正在把鹅卵石拉到入口处。隆吉诺在回信中写道，他上周与特辛克尔商量过了，他们已经开始称呼隐叶蚁为"卡帕多西亚蚂蚁"。

第六章

迷 路

"有时无缘无故地感到悲伤，你会唱起歌来。
盲目地陷入迷失，与一切分离，
只是选一个自己中意的地方待着。"

——威廉·斯塔福德[①]，《分离》

---

① 威廉·斯塔福德（1914—1993），美国诗人、和平主义者，1970 年被任命为美国国会图书馆的第二十位诗歌顾问。

2004 年 12 月 18 日傍晚，在法国西南部的马迪朗村，一位名叫让·吕克·约苏塔 - 韦尔热斯（Jean Luc Josuat-Verges）的男子闲逛进入了蘑菇农场的一条废弃的地下隧道，最后迷路了。约苏塔 - 韦尔热斯那年四十八岁，是当地一家卫生院的管理员，一直生活在抑郁之中。他将妻子和十四岁的儿子留在家里，带着一瓶威士忌和一袋安眠药，独自一人开车去山上。约苏塔 - 韦尔热斯开着自己的路虎越野车，来到了蘑菇农场地下的大型隧道入口，然后便按开了手电筒，磕磕绊绊地走进了黑暗里。这条隧道是由一段 8000 多米长的迷宫式盲道、曲折的过道以及死胡同组成的，原本是一座白垩石矿井，是人们从石灰岩石山上挖出来的。约苏塔 - 韦尔热斯沿着一条过道往前走，转过了一个弯，然后又转过了一个弯。手电筒的电量不断消耗减少，灯光慢慢暗淡下来，最后完全熄灭了。于是，约苏塔 - 韦尔热斯拖着沉重的步伐，沿着一条湿漉漉的过道缓慢地前行，可是，不久之后，他脚上的鞋子也被淤泥吸住，陷在了里面。就这样，约苏塔-韦尔热斯只能光着脚,在迷宫里跌跌撞撞地转来转去了。他摸索着走在无边的黑暗中,却找不到出口。

2005年1月21日下午,确切地说,在约苏塔-韦尔热斯进入隧道的三十四天后,有三个当地小伙子决定去废弃的蘑菇农场探寻一番。这三人刚迈进黑暗的隧道没几步,便发现了那辆停在那里却空无一人的,驾驶座的车门还打开着的路虎车。于是,男孩们便报了警,警察迅速派出了一个搜救小分队,以寻找车主的下落。一个半小时后,他们在一间距入口处仅182米的洞室里发现了约苏塔-韦尔热斯。这时,他的脸色苍白,瘦骨嶙峋,长长的胡须稀疏而蓬乱——不过,他还活着。

在随后的几天里,约苏塔-韦尔热斯劫后余生的故事便受到了媒体的广泛报道,他成了人人皆知的"黑暗奇迹"。

约苏塔-韦尔热斯赢得了记者们的欢心,因为他在蘑菇农场那几周发生的故事甚至能与最宏大的历险记相媲美,他就像受困的登山者或者流落到荒岛上的海难受害者一样充满了传奇色彩。那段时间,约苏塔-韦尔热斯吃的是自己趴到地上刨出来的黏土和朽木,喝的是从洞顶石灰岩上滴下来的水珠。有时,他甚至贴在洞壁上噘着嘴巴吸水喝。到了睡觉的时间,他便把蘑菇农留下来的破旧塑料油布裹到身上。关于约苏塔-韦尔热斯的故事,有一部分内容让记者感到十分惊奇和疑惑,那就是他的心境前后经历了出人意料的变化,得到了彻底的改观。

有时候,约苏塔-韦尔热斯会陷入深深的绝望中,正如大家所能预想的那样,他甚至用一段自己发现的绳子做了一个绞索，"以防发生不能承受之事"。但也有些时候，情况并非如此。约苏塔-韦尔热斯解释说，行走在黑暗中时，他会陷入一种平静的冥思中，任思绪变得柔和而放松。当欣然接受了这种迷失方向的感觉后，他便发现自己能以一种平和超然的心态游走在隧道中了。每次他都会在那座迷宫中转悠好几个小时。他说道："我在黑暗中为自己歌唱。"

初次阅读让·吕克·约苏塔-韦尔热斯的故事时，他那神秘而矛盾的迷路经历让我想起了自己几年前在巴黎的那次计划不周的旅行。在那次旅行中，我决定与塞莱娜（séléna）和奥萨（Åsa）这两位朋友一起前往地下墓穴，重走 18 世纪的一位男子走过的路线。巧合的是，这位男子进入采石场后也迷路了，这件事情后来变得十分有名。1793 年，菲利贝尔·阿斯佩尔特①（Philibert Aspairt）正值六十岁，还在瓦勒-德-格拉斯（Val-de-Grâce）医院做着一份看守的工作。那年，他深入地下，在附近寻找一座修道院的地窖，据说那里秘密藏着一种非常甘美的查特酒（chartreuse）。但是，阿斯佩尔特却在地下迷路了。十一年后，人们在圣米歇尔大道下的一间洞室中发现了他的尸体。由此，一座纪念墓碑便立在了他倒下的地方。

纪念菲利贝尔·阿斯佩尔特

---

① 法国大革命期间，菲利贝尔·阿斯佩尔特是瓦勒-德-格拉斯医院的看门人。1793 年 11 月，他死在巴黎的地下墓穴里，当时他是通过位于医院院子里的楼梯进入墓穴，动机不明。他的尸体直到 1804 年才被发现。

1793 年 11 月 3 日迷路于此

十一年后被发现于此

1804 年 4 月 30 日葬于此

在 12 月的一个寒冷的夜晚，我、塞莱娜、奥萨一行人蹲在地下墓穴的入口旁，准备爬到地下。我告诉他们说，都市探险者已经把菲利贝尔·阿斯佩尔特当作了自己的守护神，所以每次进入采石场时，祭拜一下菲利贝尔的坟墓已成为一个惯例。探险者们会在他的墓前献祭鲜花、许愿烛和几杯红酒，甚至还有小艺术品。我们计划效仿当地人的做法：徒步走到菲利贝尔的墓穴，然后几个小时后沿原路返回至地面。第二天早晨，塞莱娜和奥萨还有课要上，他俩碰巧都在学习如何成为职业小丑。晚上八点左右，我们背上了一个装有短途旅行用品的小包，里面放着一瓶红酒，一块面包和一瓶水。我们扭动着身体穿过了隐蔽的地下入口，进入了一座 320 多千米宽的迷宫里。

我是队伍的领路者，但现在回想起来，我完全不称职。当时，我刚到巴黎——几年后才与史蒂夫·邓肯一起穿越这座城市——在此之前只参观过一次地下墓穴。我有一份采石场的地图副本，是从一位名叫哈切特（Hatchet）的探险家那里得来的，但我从未在寻向过程中实际使用过这份地图。哈切特向我简要地指出了采石场的主要地标位置以及入口地点，但这些入口并未在地图上明确标记出来。这份地图只是一份粗略的教程，我本应该多问哈切特一些问题的，但我当时以为自己一旦进入地下就能分清方位，结果事与愿违。

黑暗中，我们一行人转过了一个又一个弯，迂回地穿梭在蜂窝状的岩洞里。一路上，我们头灯的光束擦着墙壁而过，脚下的水花溅落在靴子上。这是塞莱娜和奥萨第一次来到采石场：他们听见了远处地铁驶过的隐隐之声，并用手抚摸过冰冷的石头。我们大概走了一小时后，进入了一间狭窄低矮的洞室，那里的土地十分干燥，在我们的脚下呈现出一幅龟裂的画面。我蹲在地上，评价这些裂纹就像迷宫里的通道一样，看着它们就仿佛正在窥视一个网络的微观模型，一个嵌套在迷宫中的迷宫，而我们此刻好似正在其中寻找方向。

也就是在那时，我意识到自己出了错。我当时正看着地图，努力寻找着通往菲利贝尔坟墓的下一个转弯口，可是胃部突感一痛，因为我猛然发现自己弄错了地图上的入口位置。也就是说，从进入地下的那一刻起，我们转的每一个弯在方向上都是错的。我们离菲利贝尔的坟墓很远，但我却不知道我们身在何处，走了多远，要如何返回，甚至连面朝哪个方向都毫无头绪。我怯怯地向塞莱娜和奥萨讲明现状后，大家都陷入了沉默。我们的食物和水有限，头灯的电量也在不断减少，并且我们还没有指南针。

智人一直都是出色的寻向者。人类大脑的原始区域有一个强大的部分，名为"海马体"。每走一步，海马体便会释放一百万个神经元来收集我们所在位置的信息，然后汇集成一张神经科学家所说的"认知地图"，让我们总是能够在空间中确定方位。这个强大的部分传承自我们的祖先，他们以游牧、狩猎和采集为生，要完全依赖这种寻向能力才能生存下来。但是，这种能力已经远远超出了我们现代的需求范围。几十万年前，人类若寻找不到这些便必死无疑：水坑以及安全的岩洞、成群的猎物、可食用的植物。人类如若没有引导自己走出陌生环境的能力，那么早就消失灭绝了。寻向是人类的内在本能。

　　因此，在经历迷路时，我们会陷入一种原始而又痛苦的恐慌之中也就不足为奇了。我们许多最基本的恐惧情感——与所爱之人分离、背井离乡、被遗弃在黑暗中——都是由这种迷失之惧排列组合而成的。在童话故事中，美丽的少女在黑暗的森林里迷路时，便会遇到险恶的山精或者头戴兜帽的丑老太婆上前搭讪。人类还常常把地狱描绘成一座迷宫，弥尔顿①（Milton）在《失乐园》②中就曾对这两者进行过一番对比。当然，说到迷路，还要数希腊神话中弥诺陶③的故事尤为典型恐怖，这个怪物就住在蜿蜒曲折的克诺索斯迷宫④里。正如奥维德（Ovid）所写的那样，克诺索斯迷宫是"为了增强人们的迷失感而建的"，

---

　　①　约翰·弥尔顿（1608—1674），英国诗人和知识分子，其代表作包括《失乐园》等。

　　②　《失乐园》是约翰·弥尔顿的代表作，于1667年首次出版，由一万多行诗句组成。

　　③　在古希腊神话中，弥诺陶龙是一种神话怪物。

　　④　克诺索斯迷宫位于克诺索斯的一座名叫凯夫拉山的缓坡上，周围古木参天。它是一座规模巨大的多层平顶式建筑，占地22000平方米，有大小官室1500多间。

让游客"完全找不到记忆的参照点"。

我们对迷路有着太深的恐惧，因此它可能会让我们陷入一种精神崩溃的状态，我们的自我意识也会在这场崩溃中土崩瓦解。1888 年，西奥多·罗斯福（Theodore Roosevelt）在他的著作《牧场生活与狩猎之旅》中写道："对于完全不习惯荒野生活的人来说，迷路的感觉很可能会把他逼入一种极度惊恐的状态，最终让他丧失理智……如果人们不能在三四天内找到他，他就很可能变得疯狂；之后，他会逃避救援人员的搜寻，像一只野生动物一样受到人们的追赶和抓捕。"

我们可能在空茫的北极苔原上迷失漫游，或者在茂密的丛林中茫然穿行——但是，地下世界才是上演迷路行为的终极舞台。在一片密集的地下洞穴里，迷路本身就是各种定向障碍情况中的一种。小说中，汤姆·索亚和贝姬·撒切尔在魔克托尔山洞里迷失了三天，马克·吐温写到这座山洞时如是说："一个人可能会日日夜夜都游荡穿梭在它复杂的裂缝和深坑中，永远也看不见尽头。他可能会一直往下，往下，再往下，最后进入大地内部，就好像迷宫下面还是迷宫一样，没有终点。"从迈入黑暗的第一步起，我们的海马体，这一引导我们穿行于地球表面的可靠部分，就像一个失去信号的收音机一样出了故障。我们彻底失去了日月星辰的指引，甚至连地平线都消失了——如果不是有地心引力，那我们连上下都无法分辨。所有地表上能帮助我们辨别方向的微妙线索——云层、植物生长模式、动物足迹、风向——也都消失了。身处地下，我们甚至连自己影子的方向都判断不了。

爬山或者出海时，我们会远离自己熟悉的土地：我们可能会回头看看已经走了多远，然后眯起眼睛看看前方会出现什么。沿着狭窄的洞穴通道或者地下墓穴的褶皱走动时，我们的视野会受到限制，永远也看不到下一个弯道或拐口。正如洞穴历史学家威廉·怀特（William White）总结所说，人们永远也无法看到真正的洞穴全貌，一次只能看到其中的一小部分。丽贝卡·索尔尼特（Rebecca Solnit）在《野外迷路指南》中写道，我们走在一片风景中找寻方向时，就像在阅读一篇关于周边环境的课文，在研究"大地自身的语言"；而地下世界就像一张白纸，或者一张字迹潦草的书页，我们破译不出其上的语言。

并不是所有的生物都无法在地下辨别方位：某些居住在地下的生物就非常擅长在黑暗中寻找方向。我们都知道蝙蝠会利用声呐和回声定位，在黑暗的洞穴中俯冲飞行，但地下寻向冠军却可能是盲鼹鼠。盲鼹鼠的皮肤粉粉皱皱的，它长着龅牙，模样就像一根九十岁高龄还带着尖牙的大拇指，它生活在一座巨大的迷宫般的地下巢穴中。它们为了在黑暗的通道中寻找方向，会周期性地将头撞向地面，然后根据返回振动的频率来识别空间形状。盲鼹鼠的大脑里甚至有一个微小的磁铁粒子，那相当于一个内置的指南针，可以帮助它们探测大地的磁场。自然选择没有赋予我们地表居民这种适应性技能。对我们来说，向地下空间迈入一步也就迈入了寻求方向的真空地带，这是朝着错误的方向迈入的一步，或者更确切地说，是完全没有方向的一步。

　　我在地下墓穴里一个劲儿地低声道歉，但塞莱娜和奥萨让我闭嘴。他们说，把精力浪费在恐慌上是没有意义的。（坦白地说，塞莱娜瞥了我一眼，以示警告。）彼时，我们的目标很明确。走出迷宫的唯一方法便是找到我们当初穿墙而入的那个洞孔：我们必须原路返回。

　　塞莱娜和奥萨多年来一直在小丑剧团进行即兴表演，这些经历赋予了他们卓越的团队沟通技巧。很快，他们便精心制订出一套明确而民主的计划：我们会系统而有条理地穿回这些隧道，寻找岩石中的明显古怪之处、路上令人难忘的涂鸦，以及泥巴上显眼的脚印。我们将从每一个隧道的交会口出发，逐一探索每一条可能走过的隧道：如果在一条隧道中没有认出任何见过的东西，那我们便折返而回，探索下一条隧道。只有三人一致对一条隧道感到熟悉时，我们才会沿着它走下去。

　　事实证明，寻找旧路是一个让人烦恼且筋疲力尽的过程。每一条通道都十分相似，都有相同的石质轮廓，呈现出来的都是不规则的几何形状。每个隧道的交会口都有很多涂鸦，其中大部分都是过往游客画出的道路标记——箭头、星星和几何图形——他们用这些图形来帮助自己记录回到入口处的路线。我们尝试过只看一条线路的标记，然后顺着它走，想着也许那些蓝色三角形或者红色圆圈会把我们带到出口。但我们很快就放弃了，因为后来所有的道路标记都杂乱地混在了一起。那场面就像是你迷路了，陷在了一片民间传说中的森林里，然后发现地上有数百条面包屑撒成的蜿蜒小径穿林而过。

沿着一条隧道走时，我们仿佛听到隔壁隧道有电石灯发出了轻柔的嘶嘶声，便以为那里有另一位都市探险者，于是大声呼叫，但却没有人回应。在另一个拐角处，我们发现了一座盘旋上升到黑暗中的石头螺旋楼梯：塞莱娜和我一直往上爬，最后我们发现自己蜷在了一块通往大街的井盖下面。我试着用肩膀把它顶开，但却失败了，可能是我的力气不够大，也可能是这块井盖已经被人封死了。我们距地表如此之近，猛然想到也许手机有足够的信号能让我们打电话求救。但是，就在我正苦恼着该给谁打电话，要如何解释我们的境况，以及究竟让他们提供些什么帮助时，我们突然发现我们的三部手机都没电了。那段时间，奥萨尽己所能地想让气氛变得轻松些。在我们绕回一个隧道交会口时，尽管大家都知道我们已经在这里走过了七八次，但她会停下来喊道："伙计们！"然后，我和塞莱娜转过身去，便会看见她睁大双眼，低声说着："我想我们之前来过这儿。"

我们表面上都维持着镇定的模样，但随着时间的流逝，我们仍在黑暗中摸索，于是，大家开始在头脑中不安地盘算了起来。我们开始分工使用头灯，一人负责照明，另外两人则把灯关掉。休息时，我们沮丧地看着瓶中剩下的水，只抿了几口。我们忍着没吃面包，想象着在未来几个小时里我们可能需要用它来补充能量。每当在隧道里走错了路线，或者需要重新确定方向时，我们都会撤回到一个狭小的房间里，那里碰巧藏着一座都市探险者的雕塑：这是一个由石膏塑成的男性雕像，他的身子的一半嵌在石灰岩里，就好像困在了岩石中一样。

在其他任何地形中，当我们发现自己天生的寻向能力变弱时，便会求助于地图，它能帮助我们在空间中定位，引导我们沿着正确的方向走。然而，为地下世界绘制地图一直是一项尤为复杂的工作。探险家和制图师一直致力于绘制地球上的每一处陆地景观，把遥远的群岛和山脉都投射到了清晰的经纬图上，但是，过了很长时间，他们还是很难绘制出我们脚下的这方空间。

绘制于 1665 年的鲍曼洞穴地图是已知最早的洞穴地图。鲍曼洞穴是一座大型洞穴，坐落在德国哈茨山地区的茂密森林里。人们认定这幅地图是由一位名叫冯·阿尔文斯莱本（Von Alvensleben）的制图师绘制的，但是他们从地图的基本线条中判断出这位制图师似乎并不专业，甚至可以说并没有能力胜任该项工作，因为地图上的缺点十分明显。这位探险家并未在地图上传达出任何有关距离、深度，或者其他维度的信息——他甚至没有标明图上的空间为地下空间。冯·阿尔文斯莱本试图绘制出一个自己看不到的空间，这个空间完全超出了他的感知范围。从认知论方面来说，他已经到了愚蠢的程度，就像是在试图画出一幅鬼魂的肖像，或者在用网捕捉一片云。

在漫长的地下制图学发展史上，人类出现了很多稀奇古怪的失误，鲍曼洞穴地图的失败只是一个开端。几百年来，欧洲各地的探险家们组成了很多探险小分队。他们勇敢无畏且具有奇思妙想，想要通过挖掘洞穴来丈量地下世界，还想在黑暗中辨别自己的方位从而确定方向，结果都遭遇了失败，大部分人还败得糊里糊涂。他们顺着磨损的绳子潜入地下深处，在那里游荡几个小时，然后爬过笨重的巨石，游过地下河流。他们还用蜡烛引路，然而蜡烛的光晕十分微弱，只能照亮周围数米的地方。17世纪，一位探险家爬下了英国的一个洞穴，想要测量一间洞室的大小，但却意识到自己甚至无法看见洞室的边界在哪里，更不用说测量了。他写道："借着蜡烛的光，我们不能完全分辨出洞顶、地面以及四壁。"此外，测量人员还经常采取荒谬的措施来测量洞穴。有一位名叫约瑟夫·内格尔（Joseph Nagel）的澳大利亚探险家，为了照亮洞穴内的一个洞室，他在两只鹅的脚上绑上了蜡烛，然后向其投掷鹅卵石，希望它们能腾空而起，照亮黑暗。（这没能发挥作用：两只鹅跛着脚摇摇晃晃地在地上行走。）即使他们真的设法完成了测量，他们的空间感知能力也会因周围环境的反复变化而受到扭曲，因此他们发现的结果与实际情况相去甚远。例如，1672年，在斯洛文尼亚的一次探险中，一位探险家测量了一条蜿蜒的洞穴通道，记录其长度为9.7千米，而实际上，他只在那条通道上走了400米。这些早期探险得到的调查结果和所绘的地图往往与事实大相径庭，因而，人们现在对一些洞穴已经无法进行有效辨认。如今，我们只能读读那些旧的报道，它们就像诗歌一样短小而神秘，讲述着关于虚构之地的故事。

在早期的洞穴地图绘制者中，最著名的是19世纪晚期的一个法国人，名叫爱德华·阿尔弗雷德·马特尔（Edouard Alfred Martel），人们后来称其为"洞穴学之父"。在长达五十年职业生涯中，他在世界十五个国家中领导了大约一千五百次的探险活动，其中有数百次都进入了原始洞穴。马特尔是一名贸易律师，早年穿着衬衣，戴着圆顶礼帽进入地下空间。后来，他设计出了一套用于探索洞穴的专业设备。他设计了一艘绰号为"短吻鳄"的可折叠的帆布船以及一部可与地面搬运工通信的笨重电话。除此之外，他还设计出一套地下勘测仪器。例如，他发明了一种用于测量从洞穴地面到洞顶距离的奇妙装置，在这种装置中，他把一块用酒精浸泡过的海绵绑在一盏孔明灯上，灯下系着一根长绳。然后他用火柴点燃海绵，松开绳子让气球上升到洞顶。马特尔绘制的地图可能比他的前辈们的成果更加精准，但在当时，这些地图与任何其他地形的探险家们绘制的地图相比都只不过是草图。马特尔还把一个洞穴划分成了不同的横截面图（或者变换交叉图）来绘制，后来，这种绘制方式成了洞穴制图的标准，他也因这一创新而闻名于世。然而，在我看来，这些地图只是进一步证明了地下环境难以捉摸的性质，仿佛每一张地图都是人们无法绘制地下的记录。他们说，要完全弄懂一个地下空间，唯一的方法就是把它拆分成碎片，然后像排列一具散了的骨架一样，把这些碎片拼凑起来。

多年来，马特尔和他的探险伙伴们一直想在地下世界辨别方向，但却屡试屡败，成了迷路者。没有人比他们更熟悉那份迷失感：在定位失败后，他们会连续几个小时游荡在黑暗里，长时间处于晕头转向的状态。从所有的进化逻辑来看，人类的大脑在进化过程中会不惜一切代价来避免定向障碍，因为迷失感会激活我们体内最原始的恐惧感受器，因此，马特尔及其探险伙伴们一定体会过深深的焦虑感。正如罗斯福所描述的那样："恐惧之物，看到就让人深感害怕。"然而，他们还是一次又一次地深入地下。他们潜入从未有人涉足过的未知洞穴，当地的村民害怕里面居住着幽灵，甚至都不敢越过岩石边缘朝下瞥上一眼。马特尔和他的探险伙伴们在黑暗中迷失了方向，却又似乎从中获得了一种力量。

1889 年，马特尔发起了一项活动，计划探索法国西南部的一座名叫"高弗·德·巴第拉克"的巨型洞穴。七月的一个下午，他和他的团队成员系上绳子，把自己慢慢下放到一个约 61 米深的裂口。在下降的过程中，他们经过了墙脊上一丛丛柔软的绿色植被。岩石底部的空气凉爽而潮湿，石头上布满了苔藓。他们降落到那里后，发现有一条地下河消失在了岩壁上的一条裂缝中。于是，他们点燃了蜡烛，登上了"短吻鳄"号帆船，慢慢地向黑暗划去。船只在四周一片漆黑的河流上漂浮着，上方是矗立在高处的地道，周围是沉重的钟乳石组成的屏障，他们一一避过。黑暗中，水滴在他们周围发出了"一阵悠扬的歌声"，正如马特尔所写的那样，那歌声"比地表世界里的美妙音调更加甜美和悦耳"。他们漂过了地下河的一条又一条支流，最后发现自己已完全隔绝在已知地形之外了。整整二十三个小时，他们都漂流于一个完全真空的环境中。

马特尔谈及这次探险时写道："未知感引领我们不由自主地前进！在我们之前，没有人涉足于此。没有人知道我们将去向何处，将看到什么。从未有如此奇异的美景在我们面前展现过，我们不禁互问了一个相同的问题：'我们不是在做梦吧？'"从马特尔的话里，我能听出他的精神上升到了一种异常的狂喜中。我想象出了一幅画面，画面中马特尔把蜡烛举过头顶，正摸索着穿行在高弗·德·巴第拉克洞穴深处的褶皱中，我几乎能听到他在黑暗里轻柔地哼唱。也许，让·吕克·约苏塔-韦尔热斯漫步于马迪朗村的蘑菇农场的隧道时，唱的也是这首歌。

迷失一直是一种令人困惑的状态，而且表现在多个方面，总是发挥着让人意想不到的影响力。纵观历史，各类艺术家、哲学家和科学家都称赞迷失感，认为它可以促进发现和创新，能帮助人们远离现实路径、走出熟悉的领域，从而转向未知之界。沃尔特·本杰明写道："一个人在城市周围迷路并不意味着什么，但是，一个人在城市内迷路就像迷失在森林中一样，则要求一种完全不同的学校教育。"约翰·济慈说："一个人只有拥抱迷惑之感，远离必然之事，才能创造出伟大的艺术。"他将这种情况称为"自我否定力"，也就是说，如果一个人在知道真相和原因后没有产生任何怒气的话，那这时，他便能处理不确定因素、神秘之事以及疑惑，进而创造出伟大的艺术了。梭罗也将迷失描述为一扇门，认为进入这扇门，一个人就将了解自己在这个世界上所处的位置。他写道："只有彻底迷路，或者转身回望之时，我们才会感激大自然的浩瀚和神秘……换句话说，直到我们迷路，直到我们失去了这个世界，才会发现自己，才会意识到自己身处何处，以及自己与自然之间的关系的无限性。"同时，对索尔尼特（Solnit）来说，迷路是将自己"完全呈现"于周围环境中的最好方式。她写道："一个人不会迷路，但会迷失自我。这暗示着迷路是一种有意识的选择，一种选择性的投降，一种可以通过地形环境获得的精神状态。"

从神经学来讲，所有这些都是有意义的：毕竟，在我们迷路时，大脑会处于最开放、最包容的状态。此时，海马体中的神经元会疯狂地从我们所处的环境中收集有关声音、气味和视觉的信息，抓取任何有助于我们重获方向感的数据链。在我们感到焦虑的时候，我们的想象力也会变得异常活跃，会从周围的环境中感知信息，在脑海中变换出华丽的图景。当我们在树林里拐错了方向，看不到林中的道路后，大脑就会把每一根树枝折断的声音或者每一片树叶的沙沙声都当作一只脾气暴躁的黑熊或者一群疣猪，或者一个逃犯到来的信号。在迷路时，我们的大脑会更加开放地面向这个世界，就像我们的瞳孔会在暗夜中放大，只为接收更多的光子一样。

在那不勒斯街下探索的时候，我经历了一次短暂的迷路，那次迷路超出了我的经验范畴。那是一个秋天的早晨，两位都市探险家卢卡和丹尼两兄弟在城市的旧区中心附近把我带入了一座古老的大教堂的地下室，我们在地下室的地面上发现了一个巨大的洞孔。绑好绳子后，我们顺着一个长长的梯子爬下去，然后借着绳索下降到了一个古希腊蓄水池的底部，这是一个巨大的瓶状洞穴，大约在城市下方 30 米处。卢卡和丹尼解释说，从公元前 8 世纪起，这个迷宫般的洞穴一直在那不勒斯街下扩张延伸，这个蓄水池只是一个节点而已。这一地下网络由洞室、地下墓穴、坟墓和蓄水池构成，它的内部极为庞大，错综复杂，因而没有人知道它真正的边界在哪里。

从清晨到傍晚，我们从一个蓄水池爬到了另一个蓄水池，沿着狭窄的弧形隧道进入了迷宫中越来越深的地方。不同的洞穴变得相似，让人感觉就像是在一个三维的镜厅里移动，也像是博尔赫斯故事中的一个固定桥段。一些蓄水池分流成多条水渠，这些水渠再次分流，形成了一个天然的分形图像，呈辐射状向四周扩散。

我们很快便闯入了地下网络的未知区域，进入了卢卡和丹尼两兄弟之前从未见过的洞室。一有新的发现，他们便会在黑暗中嚷嚷起来，就像水手发现了遥远的地平线上未知的岛屿那样。随后，一个从未在现实中发生过的情况出现了，我甚至都没有注意到，自己不知从哪一刻起便在黑暗中落单了。某一刻，我们都还在一个蓄水池里，之后，我转过身拍了张照片，再转身回来的时候，卢卡和丹尼两兄弟已经消失不见了。我顺着自认为他们走过的通道爬了过去，但最后却来到了一间空的洞室中。突然之间，我只能听见腰间铁索的金属撞击声，只能看见头灯照下的锥形光束。我大声呼喊他们，却听不到任何回应，只能听见自己的声音慢慢消失在蜿蜒的通道中。

我们分开的时间不长，只有几分钟。但是，即使是在这段短暂的时光里，我仍无法推算自己走了多远，也不知道该以之前走过的哪一个位置为参照，自己身处何地。我感受到了一种完全的、彻底的解脱。这是一种摆脱了拘束的感觉，仿佛我的双脚已经脱离地面，向上飞升，我的身体正从太空坠落而下。确切地说，我感受到的并不是恐慌，而是一种强烈的清醒，一种精神上的高度警觉。在这种情绪下，我所有的感官都觉醒了，我感到自己完全沉浸在当下，感受着最微弱的气味、声响以及之前从未察觉到的空气流动。连我的皮肤也变得敏感起来，仿佛我在用毛孔感知着世界的动静。

索尔尼特曾写道："迷路就像一个出发点，我们在那里找到了正确之路或者错误之路。"在我们偏离路线，精神压力增大时，我们与世界的关系便会更容易受到外界的影响。即使是我们根深蒂固的信仰和思想路线也可能会随着我们对现实产生新的理解而土崩瓦解。在宗教文学中，我们就是在迷路之时，才突然领受了神启，完成皈依，或者经历神秘的觉醒。在《旧约》中，先知们在即将找到上帝时迷路于沙漠之中。释迦牟尼在成佛之前的六年中四处游历。与此同时，但丁在《地狱》中的精神追求正始于一段迷路宣言："我走过我们人生的一半旅程，却又步入了一片幽暗的森林，这是因为我迷失了正确的路径。"小说家吉姆·哈里森①（Jim Harrison）曾对诗人加里·斯奈德②（Gary Snyder）说，在我们迷路时，"突然之间，一切都带上了疑问，包括自己的本性。这太戏剧化了……我经常觉得迷路就像参禅（一段时间的冥想）一样。在坐了很长一段时间后，一声锣响，你站了起来，然后发现世界看起来完全不同了"。斯奈德对此回答道："嗯，这就像启迪一样。"

20 世纪 90 年代末，一个由神经科学家组成的小组深入研究了人类大脑的生理结构，以寻找迷失的力量之源。在宾夕法尼亚大学的一个实验室里，科学家们对佛教僧侣和方济会修女进行了研究，趁他们冥想和祈祷之时，扫描了他们的大脑。科学家们立刻注意到了一个现象：在祈祷状态下，大脑前部附近的一个小区域，即上顶叶后部的大脑活动在减少。事实证明，这一特殊的脑叶在认知寻向过程中与海马体有着密切的协作关系。在研究人员看来，精神交流的体验与迟钝的空间知觉具有固有的伴随关系。

因此，人类学家在全世界的宗教仪式中寻找到一种对迷失感的崇拜心理也就不足为奇了。英国学者维克托·特纳（Victor Turner）总结道，任何神圣的"通过仪式"都分为三个阶段进行：分离阶段（与社会分离，抛开原有的社会身份）、过渡阶段（从一种身份转变到另一种身份）、结合阶段（以新的身份回到社

---

① 吉姆·哈里森（1937—2016），美国多才多艺的著名作家之一。

② 加里·斯奈德，生于1930年，美国作家，被誉为"深度生态学的桂冠诗人"。

会）。整个过程的核心就是中间的过渡阶段，特纳将其称为"阈限阶段"，该词来自拉丁语中的"limin"，意为"极限"。在阈限状态下，"社会结构被暂时搁置"：我们飘浮在模糊和幻灭之中，我们在那里身份不定，不再存在，却也尚未消失。特纳写道："迷失感是形成阈限的最终催化剂。"

世界各地文化中有很多关于迷失感的仪式，其中，在美国加利福尼亚州的皮特河附近居住的美洲原住民遵循的一种仪式让人印象尤为深刻。时不时地，该部落中会有一个人"去流浪"。根据人类学家杰米·德·安古洛①（Jaime de Angulo）的说法，"流浪者，无论男女，都要避开营地和村庄，留在荒野或偏僻之地，比如山顶或谷底"。这一部落认为，流浪者若屈服于迷失状态，就"失去了自己的影子"。流浪是一种反复变换的尝试，这种做法可能会带来无可挽救的绝望，甚至疯癫，但是也可能带来巨大的力量，让流浪者迎着神的召唤走出迷失状态，回到部落后成为一名萨满。

但是，迷宫（迷失感最基本的化身）是迷失仪式中最为普遍的载体。从威尔士的山丘到俄罗斯东部的岛屿，再到印度南部的田野，我们在世界的每一个角落都能发现迷宫般的结构。一个迷宫就像一台阈限机器或一种被设计用来专注于迷失体验的结构。在进入蜿蜒的石头通道，将注意力转向有界的小路时，我们就脱离了外部的地理环境，进入了一种受空间催眠的状态，

---

① 杰米·德·安古洛（1887—1950），美国语言学家、小说家和人种音乐学者。

所有的参照点都在那里消失了。在这种状态下，我们将经历一种转变，社会身份、人生阶段或精神状态都将随之发生变化。例如，在阿富汗，穿过迷宫是结婚仪式的核心步骤，人们相信，一对夫妇若从曲折的石头小路上走出来，便将稳固他们的结合关系。与此同时，在东南亚，人们把迷宫结构当作冥想工具。游客会在迷宫建筑中沿着小径慢慢行走，以求增强自己对内心世界的关注。事实上，忒修斯在克里特岛杀死弥诺陶洛斯的故事，从根本上来说也是一个有关转变的故事：忒修斯进入迷宫时还是一个男孩，但他走出迷宫时已经成长为一个男子汉、一个英雄。

　　在现代，大多数迷宫都以二维形式来呈现，通道两旁是低矮的石堆，地面由马赛克图案平铺而成。但是，如果将迷宫的历史追溯到更久远的过去，向越来越深的时空里寻找迷宫的化身时，我们就会发现墙壁在缓慢上升，通道变得越来越阴暗，越来越幽深——事实上，最早的迷宫几乎都是地下建筑。根据希罗多德（Herodotus）的说法，古埃及人建造了一个巨大的地下迷宫，意大利北部的伊特鲁里亚人 ① 也是如此。在印加文明之前出现过一种查文文化 ②，那里的人们在秘鲁安第斯山脉的高处建造了一个巨大的地下迷宫，并在黑暗、

_____

　　①　伊特鲁里亚人是古代意大利西北部伊特鲁里亚地区古老的民族，居住于台伯河和亚努河之间。

　　②　查文文化是南美洲前哥伦比亚与秘鲁地区的文化，繁荣于公元前 900 年至前 200 年。

曲折的隧道中进行神圣的仪式。在尤卡坦州①的奥克斯金托克市，古玛雅人在黑暗迷宫中也做着同样的事情。与此同时，在亚利桑那州的索诺兰（Sonoran）沙漠②中，托霍诺·奥德姆（Tohono O'odham）部落③长期崇拜一位名叫埃托伊的神，他又名"迷宫中的人"，生活在迷宫的中心。埃托伊迷宫的开口据说是一座洞穴的入口，经常作为一种设计图案出现在部落的传统图样中。

根据 1998 年位于西西里岛西北部的一项考古研究的发现，世界上最早关于迷宫的描述是在一幅拥有五千年历史的画作中，它是在一座洞穴的黑暗地带深处被发现的。考古学家猜测，在这幅画创作者脚下的泥地上曾有一座迷宫，并曾被作为古代过渡礼的仪式路线。诚然，这是一个看似可信的解释。但我常常想，也许这座洞穴本身就是一座迷宫。我在想这幅画是否并非指代一个独立的结构，而是在阐明某种感受：进入洞穴的感受，迷失在黑暗中的感受，以及游荡在石头通道中的感受。

当让·吕克·约苏塔-韦尔热斯带着威士忌和安眠药进入蘑菇农场的隧道时，他已经有了自杀的想法。他是这样说的：

---

① 尤卡坦州，是墨西哥的一个州，位于尤卡坦半岛北部，北临墨西哥湾。

② 索诺兰沙漠，位于加利福尼亚州。

③ 托霍诺·奥德姆部落成员为北美印第安人，普遍居住在今天的美国亚利桑那州和位于墨西哥境内的索诺拉州。

"我很消沉，想法很悲观。"在走出迷宫后，他发现自己重新获得了对生活的热情。与家人团聚后，他发现自己在家人身边较以往更为开心和自在。他开始上夜校，获得了第二个学位，并在沿线的小镇找到了一份更好的工作。在记者问及他的转变时，他回答道：置身黑暗中时，"一种生存的本能"发挥了作用，重新唤醒了他活下去的决心。在他意志最消沉，极度需要改变自己的生活状态时，他走进了黑暗，屈服在迷失感中，做好了准备以全新的面貌再次出现。

最后，拯救了我、塞莱娜和奥萨的是冬天的空气。这些地下墓穴的温度全年都保持在 14 ℃左右，在 12 月的那个特殊的夜晚，墓穴内的温度比地表的温度高出了大约 20 ℃。在摸索着穿过隧道，寻找任何可辨认的地标和方向时，我们感觉到了某种意想不到的东西：微微吹拂着的冷风。它轻拂我们的皮肤，片刻之后便消失了，之后再次出现，接着再度消失。慢慢地，我们整合所有的信息得出结论：空气是从出口孔那儿吹来的。因此，我们跟着寒风寻找出路。如果我们爬行一条隧道时感受到空气在慢慢变暖的话，那么便会折返，因为我们知道那是在沿着错的方向走。若是几个月后，地上地下的温差不再那么明显时，比如说在一个温暖的春夜，那我们便可能永远也找不到出路了。

在来到形状参差的出口孔时，冷风迎面而来，我们三人拼命地从隧道里爬了出来。那时已凌晨四点多，我们已迷路了八个小时。我们爬回到街上，在空无一人的大街上大笑着，发出欢呼声。地铁已经停运了，我们乘出租车返回塞莱娜的公寓。车上，司机通过后视镜不解地看着我们这三个浑身泥水却兴高采烈地坐在后座上的人。在塞莱娜的小小工作室里，我们坐在地板的地毯上，在一个倾斜的天窗下，为我们的劫后余生举杯庆贺。在晨光照入房间时，我们仔细剖析了黑暗中我们对迷失的那份好奇心，重温了那晚发生的事，分享了我们的头脑在不同时刻的经历。我们每个人都时不时地感到焦虑感在攀升，感觉到了恐惧。但是，在这种情绪之下，在我们大脑中一个更为模糊的地方，我们都发现了自己拥有的那些清醒平静的瞬间，在那里我们得到了短暂的自我超越。

第七章

隐藏的野牛

一切神圣之物都有其神圣之处。

甚至可以说正是它们所处的位置使它们如此神圣。

——克洛德·列维-斯特劳斯[1]，《野性的思维》

---

[1] 克洛德·列维-斯特劳斯（1908—2009），法国作家、哲学家、人类学家，结构主义人类学创始人、法兰西科学院院士。

初次探索纽约的前几天里，我每天下午都会去乘坐地铁，全神贯注地盯向窗外以寻找通往废弃车站的通道。时不时地，我还会瞥见写在隧道两边墙上的神秘信息。那些由白漆或黄漆画成的矩形涂鸦板，约有 1.5 米高、3 米宽，上面写着黑色的文字。它们总是出现在隧道的黑暗处，以及车站间空旷无人的烟尘覆盖地带。在列车迂回穿过布鲁克林安静的街区下方，或者自曼哈顿中城繁华的大道底下蜿蜒穿过时，一旦我开始留意这些涂鸦板，便随处都能看见它们的身影，看到它们从列车的车窗外快速掠过。由于地铁的速度太快，我从来无法真正地读完那些文字，而只能看到里面的几个单词，但是，这些信息仍然让我着迷。它们微小得让人难以察觉，在这座毫不知情的城市中不断闪现。

我最后了解到，这些涂鸦板只是一个神秘的艺术项目中的部分内容，由一位名叫 REVS 的涂鸦者所绘。每幅涂鸦都是"一页"日记，时间跨度为六年，散布在纽约城的各个地下通道中。日记总共有两百三十五页，几乎每一页都画在任意的两处地铁站台之间。深夜，REVS 会戴上安全帽、穿上荧光马甲，把自己伪装成一位纽约交通运输管理局的员工，之后，他会从街道上的紧急出口跳下来。黑暗里，他会用一个滚筒在隧道的墙壁上刷出一个大大的矩形漆块，然后，用一罐黑色喷漆写下一段长长的记录，一个童年的小插曲，或者一段简短的哲学沉思。

我了解到，REVS 是纽约涂鸦界的一位杰出人物。涂鸦是一种崇尚多产的文化，每一位艺术家都会尽可能多地在城市的表面留下自己的痕迹，而在那些未被染指的最显眼的地方，没有人的作品像 REVS 的一样无处不在。20 世纪 80 年代初，他就已经成千上万次地在这座城市中留下了自己的印记。他用喷漆和记号笔在电话亭、报摊和邮箱的侧面做标记；他在砖墙上画广告牌大小的壁画；他用螺栓和螺丝把油画布钉在建筑物的侧墙上；他甚至还把有着自己笔名"REVS"形状的金属焊接到了路标和铁栅栏上。20 世纪 80 年代末到 90 年代初是 REVS 最为高产的时期，纽约人在这座城市的任意一个街区里多走几步路，都会看到 REVS 这四个字母，仿佛他一直在纽约城的耳边低声吟唱着一首安静的歌谣。后来，时任市长的鲁道夫·朱利亚尼（Rudolph Giuliani）招募了一支名为"破坏小队"的纽约交通运输管理局小组来清除城市中的涂鸦，大约在那个时候，REVS 成了头号公敌。小组成员把他称作"涂鸦界的首领"。REVS 的恶名传遍大街小巷后，他便来到了黑暗的地下空间，开始用油漆在那里喷绘自己的人生故事。

在一本关于纽约涂鸦历史的旧书中，我发现了一些图片，上面是那部日记里最早记录的一些内容，它们就被绘制在布鲁克林下方地铁隧道的墙壁上。在 1995 年 3 月 5 日的那一页上，故事便以作者的出生为起点展开了。

　　亲爱的社会：

　　1967 年 4 月 17 日，我在纽约的布鲁克林出生了。出生的医院是位于湾脊区的维多利亚的记忆。不考虑我那半个哥哥的话，我就是家里的独子。他叫肖恩，坐过牢，是爸爸的第一段婚姻的果实。肖恩就是一个真正的讨厌鬼，他从我叔叔帕蒂那里偷了两千一百美元，叔叔努力想找到他，然后把他揍到骨折，不管怎样，一定要揍他！！！总之，在那个星期一下午三点，体重七斤半，妈妈通过剖腹产才生下我，好事多磨！！未完待续……

　　在这段文字之前是一篇序言，标有"很多页中的第一页"：

　　致普通大众……

　　你现在也许会自问道：这是什么……

　　这是关于

　　一个孩子的故事

　　他只是在过着自己的生活

　　这是他唯一知道的一个讲故事的方法

　　他的故事与你们的相比并没有什么不同

　　我们最终都会成为拼图上的块块拼板，其中只有一位全能的创造者——上帝。

　　我十分好奇。是什么样的人只会在地铁隧道的墙壁上讲述自己的故事呢？谁是 REVS 呢？所有的涂鸦者都过着隐匿的生活，但是据我所知，没有人像 REVS 那样无影无踪。年轻的涂鸦者崇拜 REVS，但从未见过他；年长的涂鸦者认识他，但已多年见不到他的踪影。与此同时，在我问及自己是否能接触到REVS 时，几位与 REVS 有联系的涂鸦者却都嗤鼻一笑。一位叫 ESPO 的涂鸦者说道："不可能。"另一位涂鸦者史密斯告诉我："REVS 不与任何人交谈。"一位曾经给 REVS 拍过半身照（脸部被遮挡）的摄影师告诉我："即使我知道他在哪里，现在也不会告诉你，以后更不会。"多年来，REVS 总是时不时地浮现在我的脑海中。有时，我会一连几个月都想不起他来，但在一页涂鸦日记飞速地掠过地铁车窗或从我眼前一闪而过时，我脑海中便会想象出一个神秘人正在黑暗深处用油漆喷绘的场景，然后，我便再一次执着于搜寻那些墙上的日记。

我来回穿梭在纽约城中，甚至走过了最狭窄的小径。我走过一条街道时，有人告诉我说 REVS 曾在这里经营过一家焊接工作室。我漫游在 REVS 生活过的位于湾脊区的老旧社区时，听说他小时候经常光顾一家糖果店，便向店铺老板打听他的消息。老板告诉我说，REVS 曾是一位桥梁建造者，于是，我给钢铁工会打了电话。此外，我还向一位政府官员史蒂夫·莫娜寻求帮助，她是"破坏小队"的负责人，已经追捕 REVS 近十年了。

莫娜没有提供帮助，也没有其他任何一个人帮我寻找REVS。有一位摄影师已经追随 REVS 的作品整整二十年了，他建议我放弃这种寻找："你会把自己逼疯的。这个男人就是个幽灵，无影无踪。"最终，我真的放弃了，也接受了 REVS 只会存在于黑暗中这个现实。我告诉自己，不要期望一个在黑暗中写作的人会从帘幕后走出来并做自我介绍，因为这个想法很愚蠢。了解他的唯一方法便是去地下阅读他的日记。

夏日的一个夜晚，天气热得让人窒息，我和拉塞尔站在地铁站台上等待一班列车穿行而过。在最后一位乘客走过十字转门从视野中消失之后，我们快步走到了站台边缘，跨过禁止进入及穿行的轨道栅门，向黑暗中走去。隧道内的空气陈腐压抑，水珠从洞顶滴落的声音在空中回荡着。我们还没走多久便发现了 REVS 的踪迹。在我们的眼睛适应了黑暗后，我们看到了一个铁梁，它将快车道和本地车道隔开了，上面还竖直地涂写着 R-E-V-S 这一笔名。然后，我们在铁梁的另一侧发现了一篇涂鸦日记。日记已经褪色，上面沾染着钢铁粉尘，看起来就像已经在上面存在了几个世纪一样。文中描写了老邻居——克里斯和丹尼两兄弟，REVS 过去常常和他们一起听接吻乐团的歌曲，一起看周末夜现场。总而言之，这是一个极为寻常的故事。然而，当我们站在隧道的黑暗深处，屏息阅读这页日记时，城市就在我们的头顶上方，那感觉就像是我们发现了一篇古代的神秘诗文。

有时候，我会即兴去找那些日记来读，还有一些时候则是按计划前往找寻。我会独自一人前去，也会拉着拉塞尔一起，还会带着其他的朋友们去——他们已经厌倦了听我谈论 REVS 的事，想要亲眼看看日记。史蒂夫和其他都市探险家都谈到过在地铁奔驰的隧道中找到了一种平静的感觉，但在我的切身经历中，从迈下站台的边缘起一直到安全地站上邻近的站台，这段时间我都在焦虑中煎熬。弯曲的隧道会让我心惊肉跳，因为火车会毫无预示地驶向我身边。没有间距的狭窄地带也会令我神经紧绷，那里标示着红白相间的条纹板，涂鸦者将其称为"血和骨头"。每逢雨夜，我便会提心吊胆，因为我无法将雨滴下来的声音和火车来临时的叮当的响声辨别开来。在看到隧道入口处有摄像头倾斜转动时，我总会失魂落魄地快速逃回站台。（史蒂夫告诉我，有摄像头意味着没有人注意那里，但我从来不太相信这个观点。）

那里有第三轨，有老鼠，有被铁路工人抓到的危险，还有一些黑黄相间的无客通用火车像幽灵一样出没，它们没有固定的时刻表，可能会不拉警笛而急速驶过隧道的拐弯处。但是，每次地下之旅，在两座站台的中间，在隧道最黑暗的地点，我都会偶见一页 REVS 的日记。我研究着这些日记，这些揭秘作者的线索，其中的内容总会让我惊叹不已。

我珍视这篇日记。我仔细地记录了自己遇见的每一页的内容，包括其他探险家拍摄的日记照片，我看到后也都抄了下来。我读到了少年时期在湾脊区制造恶作剧的 REVS 的故事（"每个妈妈都讨厌孩子整天玩棍子球、塑料空心球、门廊球、奇幻世界、足球、骷髅头、国王游戏、滑板和抓捕游戏，攀爬屋顶以及防火梯作战游戏"）；我读到了和酒鬼父亲打架的 REVS 的心事（"好几次都是警察和救护车把他送回家的，我甚至看到过他昏倒在人行道上"）；读到了第一次见到全漆地铁车厢时的 REVS 的心情（"我太开心了——这是我见过的第一件作品，它真的很棒！我整夜满脑子都在想它——我仍然不知道那是谁的作品，但无论是谁的杰作，都值得称赞，它点燃了我的热情"）。在纽约日新月异的变化中，我怀念着它旧日的模样，怀念着书本里和电影中描绘的这座城市。我热爱那时的纽约，但在我终于到来时，它已不见往昔的风貌。REVS 的日记是一部手工艺品，重现了那座无法复原的纽约城，它如同一首已逝时光里真实的朋克摇滚长诗。

但是，我最疑惑的还是 REVS 把这本日记都写在了哪里，此事令我深深着迷。有一次，我到布鲁克林的地下展开旅行。当时，我蹲在一间紧急出口的凹室内，脸上沾满了钢铁粉尘，汗湿的 T 恤衫松松垮垮地挂在脖子上。就在这时，我看到对面的墙上有一篇日记。那是一篇简短的记录，写的是关于一位名叫 ENO 的老涂鸦者的故事。在 REVS 在涂鸦领域摸爬滚打的阶段，ENO 曾是其领路人。铁轨上方的灯泡在混凝土墙上投射出了一圈光晕：其他的涂鸦者们已在光晕周围标上了自己的笔名，因此火车上的乘客可以透过车窗瞥见那些名字。然而，REVS 却没有那样做。他将日记写在了距离光晕有一小段距离的地方，那些文字在黑暗中几乎难以看见，就像是诗人用隐形的墨水题写的一首十四行诗，又像是作曲家用次音速的声调谱出的一首交响曲。我感到好奇，REVS 为什么要在一个隐秘之地，一个城市中几乎无人能见的最黑暗的地方制作这幅艺术品呢？

在 11 月的一个阳光明媚的早晨，我来到了法国西南部的比利牛斯山脉。走在蜿蜒狭窄的小路上时，我脑中想的都是REVS。比利牛斯山脉是法国和西班牙的界山，西起比斯开湾，东至地中海海岸，其间布满了虫蛀似的山洞。在过去的一个半世纪中，考古学家了解到那儿的洞穴里隐藏着古代的艺术品，且它们都出自以游猎、采集为生的部落的成员之手，他们大约在五万年前至一万一千年前便游走在该地区了。1879 年，这里迎来了第一个重大发现。当时，一位名叫马塞利诺·桑斯·德·索图欧拉（Marcelino Sanz de Sautuola）的西班牙贵族带着年仅八岁的女儿玛丽亚来到归他自己所有的位于巴斯克地区的洞穴中探险。在索图欧拉刮擦洞穴的地面时，玛丽亚抬头看向了洞顶，不可置信的一幕出现了，她看到了一幅金红色的野牛群像。在接下来的几年时间里，类似的故事在西欧的石灰岩石山中变得家喻户晓起来：一个农民，或者一个牧羊人，又或者一群当地的男孩偶然在石头山坡上发现了一条裂缝，他们点着蜡烛爬进黑暗中后，在昏暗的烛光下看到了一些远古的图像。图像中有猛犸、野牛、原牛、野生山羊和马匹，所有的动物都画得栩栩如生，体形优美。

目前，这些艺术品已在欧洲范围内的三百五十处洞穴中被发现，它们的存在困惑了数代的考古学家和人类学家。20 世纪初，研究人员认为这些艺术品的存在是为了消磨时间，是旧石器时代的人"为了艺术而进行的艺术创作"。后来的研究人员认为它们是"狩猎巫术"的遗留物，意思是艺术家画的都是猎物的图像，用以施咒，以便更容易捕获猎物。今天，大多数的考古学家猜测，这些画作与某种形式的宗教仪式有关。但是，有一个突出的谜团从一开始便困惑着研究人员，那就是这些艺术品为什么总是存在于隐蔽处、最难触及的角落里，以及洞穴的最深处。

我前去比利牛斯山脉是为了一睹"黏土野牛雕塑"真容，它们可能是世界上最为壮观、最让人迷惑且隐藏得最深的艺术品。这是一对黏土雕塑，被放置于一座大型的洞穴内超过800米深的地方，那里是狭窄而曲折的长廊的尽头，是最难以到达的一个洞室。它们诞生于一万四千年前，是当时的一种文明创造，考古学家将其称为"马格达林期文化"。这座洞穴名为"杜贝尔洞穴"，是沃普河形成的三座洞穴之一，这条河流恰好自阿列日省孟德斯鸠 - 阿旺提斯村的外部流过。杜贝尔洞穴坐落于皮若尔庄园，庄园归属于贝古昂家族，这是一个贵族家庭，传承数代，一直都生活于当地。罗贝尔·贝古昂（Robert Bégouën）伯爵是庄园的现主人，也是洞穴忠实的守护者。

受邀参观这个山洞着实有些出乎我的意料。我联系了研究杜贝尔洞穴的考古学家，他们告诉我，这座山洞可能是全欧洲最难接近的重要的装饰性洞穴。拉斯科、阿尔塔米拉、肖维这三座洞穴犹如史前洞穴王冠上的明珠。它们由政府管理，只定期面向研究人员和特殊游客开放。与此不同的是，杜贝尔洞穴为个人私有财产：贝古昂家族仅在愿意之时才开放洞穴，一年最多一次，只有杰出的考古学家或其家族友人才能享受这项特权。世界上还有一些十分知名的研究史前艺术的学者，他们终其一生都在等待一份去往杜贝尔洞穴参观的邀请函，却从未等来。尽管如此，加利福尼亚大学伯克利分校的一位曾在杜贝尔洞穴工作过的名叫梅格·康基（Meg Conkey）的考古学家为我提供了皮若尔庄园的通信地址。由此，我至少可以写封信来向贝古昂伯爵介绍自己。

信中，我用粗陋的法语向贝古昂伯爵讲述了自己前些年的探险经历，还告诉了他关于 REVS 的事，以及我对隐秘艺术品的好奇心是如何将自己引向他家族的洞穴的。在未收到回信时，我并不感到惊讶，毕竟这需要漫长的等待。几个星期过去后，我原本放下了这件事情。但后来，我突然不知何时收到了一封来自贝古昂伯爵的邮件。信中说，11 月下旬的某个星期天下午两点，如果我能前往皮若尔庄园，他就会破例打开洞穴，成全我的特别到访。

我开车驶过甫一的大门后，那座城堡便映入了我的眼帘：那是一座巨大的石头建筑，塔楼耸立在小山的高处，青青草场分布于坡上的四面八方，一切都闪耀着凡·高式的淡淡光辉。城堡不远处是一座较小的乡村石楼，那里有贝古昂家族的藏书室和一个小型考古实验室，还有一处私人博物馆，馆里展览着于这处庄园发现的史前古器物。

贝古昂伯爵走出实验室，满怀大笑地欢迎了我。当时他已经七十六岁了，但看起来要年轻得多：高高瘦瘦，五官精致，脸颊窄窄，一头乌发修理得整整齐齐。他背脊直挺，尊贵非凡，举止完美，无可挑剔。然而，他为人又极为真诚，带着一种几乎孩子气的热情——总之，他是一位让人感到如有多重色彩般绚烂的优雅的绅士。我的法语水平尚在初级阶段，而他也不会说英语，但我们勉强地进行着交流。

"洞穴里的气温有 12 摄氏度。"他一边说，一边把我带到了一个大锁柜处，里面装满了探洞用的装备。我套上了一件蓝莓色的连体工作衣，穿上了一双橡胶靴。"很别致。"伯爵朝我眨了眨眼睛说道。

和伯爵一同欢迎我的还有一位德国考古学家，名叫安德烈亚斯·帕斯托尔斯（Andreas Pastoors）。在他还是个十几岁的少年时，便已经开始在贝古昂家族的庄园洞穴中展开研究了。

他五十多岁，为人苛刻，聪明绝顶，鼻孔稍微有点儿朝天，他像恶犬似的保护着那些洞穴。他似乎很困惑，不知道伯爵为什么邀我前来。我们下山往洞穴入口走的时候，他把我拉到了一边，说道："这座洞穴不对外开放。每一次参观都会置雕塑于危险中。无论你要在书中写什么，都要清楚地表明这里不欢迎公众参观。"

1912 年，伯爵的父亲路易·贝古昂（Louis Bégouën）及其两个兄弟马克斯（Max）和雅克（Jacques）发现了杜贝尔洞穴。那时，他们还都是十几岁的孩子。一天，三个男孩出门散步，顺着沃普河来到了洞穴的入口。于是，三人便划着一艘浴盆形状的小船进入其中，之后在洞穴内最前方的一些洞室中闲逛了一个下午。在随后的两年里，他们每隔几个月便会组织一次探险，用简易拼装后的自行车灯来照明，每次都会到更深一点儿的洞室探险。有一次，弟弟马克斯·贝古昂在探险中清除了一堆破碎的钟乳石，然后发现了一条新的通道。他们摇摇晃晃地走过这条路后，又沿着另一条路走了下去，紧接着又发现了一条路，然后，便往越来越深的地方走去了。最后，他们来到了最深处的洞室，在那里发现了野牛雕塑。三人出来后，便与当时两位杰出的史前学家阿贝·亨利·布勒伊（Abbé Henri Breuil）和埃米尔·卡尔塔伊亚克（Emile Cartailhac）取得了联系，向他们诉说了洞内的发现，两位学者立即从图卢兹赶了过来，想要一睹雕塑的风采。有一张拍摄于当天的照片现今还悬挂在贝古昂家族的藏书室里：照片上有贝古昂三兄弟和他们的父亲，以及那两位史前学家。

　　如今，与野牛雕塑相关的事宜成了贝古昂家族事务的中心。2012 年 10 月，贝古昂伯爵在皮若尔庄园召集齐了整个大家庭的成员，于发现野牛雕塑百年纪念之际举行了盛大的庆典。他教授年轻一代的贝古昂族人如何扔矛、制作石器，以及像马格达林期的人们那样摩擦生火。此外，他还讲述了贝古昂家族祖先发现黏土雕塑的故事。当晚，一家人聚在一起享用了一顿大餐，其中的主菜就是野牛，这也是贝古昂家族的图腾。

　　"这里的一切都与 1912 年时的一模一样。"贝古昂伯爵说道。此时，他站在洞口一块长满青苔的大圆石上，沃普河的河水从其身侧流淌而过。他穿着一套蓝色的连体衣，戴着一顶白头盔，绑着一盏矿灯，一侧肩膀上还挂着一个皮质的小背包，上面精致地绣着其父的名讳——这一切都让他看起来像一位传统默片里的英雄人物。

"甚至连这只小船都是一样的。"他指着水中的一只形似浴缸的船只说道。这只船是一个近乎完美的仿品，完美地复制了其父亲和叔叔使用的那一只。

我们一行共有六人，其中还包括安德烈亚斯考古队的三位成员：一位是休伯特（Hubert），他是来自科隆大学的研究史前动物骨骼的，年长的史前动物学家；另一位是朱莉娅（Julia），休伯特的学生；还有一位是伊冯娜（Yvonne），她与休伯特同在尼安德特人博物馆工作。在过去的两周，这三人都待在皮若尔庄园研究从沃普河上的另一座名叫"恩莱纳"的洞穴中发掘出的史前古器物。此行也是他们第一次参观杜贝尔洞穴。我们两两一组地上了船，逆着水流向上游划去，晃晃悠悠地进入黑暗之中。最后，我们登上了一小片碎石滩。到那儿之后，我们调试了下头灯，转身进入了洞穴。

杜贝尔洞穴沿着古老的沃普河河道向上曲折地通入一座石灰岩石山。1982 年，美国诗人克莱顿·埃什尔曼（Clayton Eshleman）在与贝古昂伯爵一起参观了这座洞穴后，写下了一首名为"杜贝尔游记"的诗，诗中将这座洞穴描绘成了"江河的骨架"。整个下午的行程中，我们向上经过了三重不同水平高度的跋涉才来到野牛雕塑的身边。在河床处，我们爬入了一间洞室，贝古昂家族将其称为"婚宴厅"。那是一间宽敞的拱顶洞室，巨大的钟乳石从洞顶垂落，模样就像教堂风琴的音管。

安德烈亚斯用英语向我们解说洞穴的情况，英语是此次旅途中的通用语言。他说，大多数考古遗址的地面都是支离破碎的，因为在发掘的过程中，人们要将史前古器物搬移到实验室或者博物馆的陈列窗中。但是，杜贝尔洞穴却并非如此，它还保留着原始的样态，基本上未受破坏，甚至史前到访者遗留在原处的每一个足迹几乎都保存完好。"要一直跟着我的脚印走，"安德烈亚斯说道，"绝不要触碰墙壁，永远不要！"

我们开始徒步行进，路遇钟乳石时，便弯下腰侧起身子躲过，步伐小心而谨慎，无声地踏在柔软的黏土地面上，那情景就像你偷偷接近某人时那样。我们走的是马格达林期人的路线，他们最后一次进入这座洞穴是在一万四千年前。马格达林期文化可以追溯到一万七千年至一万两千年以前，是研究欧洲史前史者的宠儿。在此之前还有两种文化——梭鲁特期文化（两万两千年至一万七千年前）和格拉维特期文化（三万两千年至两万两千年前）——它们无疑也有自己辉煌的时刻：当时的人们已经能够雕刻出造型精美的石器，以及大小便于携带的美丽雕像，如下身肥胖的名为"沃尔道夫的维纳斯"的小雕像。不仅如此，他们还在著名的肖维岩洞中绘制出动人心魄的图像。但是，马格达林期人却是旧石器时代里的艺术大师，就好比文艺复兴时期的佛罗伦萨人。他们在拉斯科洞窟和阿尔塔米拉洞窟留下了驯鹿和野牛的图像，画面十分精细，因此，早期的考古学家不相信这是古人所画，而断言这是一个恶作剧。他们还沿着岩荫的背面凿刻出万马奔腾的浮雕长图，他们制作的骨头乐器、采用的五声音阶和我们现在的完全相同。另外，他们还用骨针缝衣，并用镶满贝壳的精美项链装饰自己。就连他们最实用的工具都被精致地装饰过。例如，一个用鹿角雕琢出的长矛投掷器上面就刻有一幅野牛图。

还没走多远，正当大家俯身在一片钟乳石连成的帘幕下方穿行时，安德烈亚斯示意我们停下脚步。他掉转灯光，使其照在下方松软的土地上，一个石化的脚印展现在了我们的面前。这是一幅完美的凹浮雕，每一个脚趾和足弓柔和的弧度，以及脚后跟的凹坑都清晰可见。它的存在深刻地提醒着我们，尽管相隔异世，但我们和马格达林期人有着相同的生理构造：我们有同样的身体、同样的大脑、同样的神经系统，也以同样的基本方式生存在这个世间。

随着爬入杜贝尔洞穴内越来越深的地方，我们开始清楚地明白，同一段路程对马格达林期人来说是更加危险的。我们一行人顺着贝古昂家族安装的铁梯攀登上一面悬崖壁，然而，古人却没有这些装置，他们可能是赤脚攀爬的。而且，洞穴内有一处痕迹，该痕迹被认为是前人光着膝盖留下的印记，从这一点来看，他们还可能是光着腿爬的。

再往前走，安德烈亚斯把灯光照到了黏土上一个巨大的洞熊掌印上。这个掌印引起了我们极大的关注，但这终究不过是虚幻的，因为洞熊早在几千年前便已灭绝了。然而，马格达林期人却与洞熊生活在同一个时代：他们看到泥巴里的爪痕时会吓得不寒而栗、浑身发抖。

很快，我们便来到了马克斯·贝古昂当年疏通路障的地方。1912 年，他清除了这里自然碎裂的钟乳石块，打通了一条前往洞穴更深处的过道。贝古昂家族将这条路称作"猫洞"，正如它的名字一样，洞穴在这里大幅度地缩窄，仿佛被一条皮带勒紧了似的，变成了一条极狭的长道。人们只有收平肚皮、水平匍匐，才可通过。我们四人第一眼看到这条通道时都愣了片刻。过去，我听说某些身材圆润的游客来到猫洞后只能被迫无功而返。"只要确保自己呼吸通畅就行，" 安德烈亚斯向我们说道，"如果你确实感到不舒服，那么绝对不要试图起身，就待在那里！"

伯爵率先进去了：一位快要八十岁的老先生，蠕动着胳膊肘，穿过了一个狭窄的岩石洞孔。"这是一项很好的锻炼。"他谦虚地说道。我看到朱莉娅的靴子底消失在拐角处后，便开始了爬行。通道很窄，小小的钟乳石像鳞片一样凸起于表面。我扭动着屁股，用胳膊肘拖着自己向前。德国人类学家罗伯特·库恩（Robert Kuhn）博士是最早一批参观这座洞穴的研究者之一，他将自己穿越猫洞的经历描述为"匍匐穿过一座棺椁"。埃什尔曼则将自己的经历记述为 "害怕卡在某处就地凋萎"。我们看到，一组雕版画沿着猫洞铺展，上面展示了一连串的幽灵形象，贝古昂家族将其称为"怪物"，它们似乎是在守卫这条通道。

挤出猫洞后，我们进入了一间"长满"方解石的洞室，里面是一片纯净精美的景象，就像是冬日里刚刚下过一场冰雹，一切事物都蒙上了一层珍珠白的冰晶。在路易·贝古昂及其兄弟踏入这间一万四千年来从未有人涉足过的洞室时，也许他们说话的声音就会使周围玻璃般的钟乳石爆裂破碎，然后叮叮当当地掉落到地上吧。

我们直直地越过了另一片钟乳石林，绕过了一根擎顶巨柱，弯腰上了一个缓坡后，又走了下来。此时，我们已经徒步两个半小时了。大家都很安静，每个人都游离在一种静默、超然的着迷状态中。然而，安德烈亚斯突然之间跪倒在地，并示意我们其余人也跪在他的身侧。接着，他便纹丝不动了。

"现在，我要请你们关掉电灯。"他缓慢而温柔地说着，仿佛正在一个光线昏暗的舞台上念一行诗。在我明白过来即将发生什么后，我的心脏快速地搏动起来。黑暗完全降临到了这间洞室，所有人都陷入了寂静。之后，贝古昂伯爵打开了灯光，把光束照向了我们身后的黑暗里。我们就如一根提线上连着的一排木偶人般，全都跟着光线转过身去。就在那一刻，我们所有人都极度默契地在那儿目瞪口呆。

小洞室的顶部呈圆拱形，地面平坦，空无一物，中心是一块大石头，离我们跪着的地方约 3 米远。从我们的角度看去，黏土野牛就抵靠着巨石，微微翘起，周身在柔和灯光的照耀下散发着一圈淡淡的光辉。霎时间，我听到所有同伴的呼气声都变得沉重起来。我感觉全身都僵直了，肌腱一一绷紧，肩周的肌肉都收缩成了紧实的块状。然后，突然之间，一切又松弛了下来：一股暖流自我内心深处翻涌而出，流经我的四肢百骸，途经我的肩膀，最后向上冲入我的大脑。然后，我的呼吸便丧失了节律，变得凌乱不堪了。与此同时，我看着野牛，哽咽起来，泪水顺着脸颊悄悄滑落。

这是一对黏土野牛，前面的是一头母牛，后面的是一头公牛。雕像极为精美，每个细节都把握得丝丝入扣：俯冲的牛角、冷硬的下颌、倾垂的胡须、和缓的峰背、波浪形的肚腹，以及鼓实的牛肩。你几乎能够看到牛皮之下的肌肉在收缩，器官在颤动。牛身上的黏土隐隐闪光，仿佛仍未干透一般。这两座雕塑看起来就像是童话故事里出现的物件，仿佛灯一熄灭，故事中的玩偶和木偶人便会悄悄复活。

贝古昂伯爵领着我们围绕野牛雕像缓慢地爬行了一圈。他神态庄重，开始柔声地向我们介绍野牛雕像上的细节，仿佛在给我们引见一位家庭成员一样。起初，他用一些简单的法语短句慢慢地说，我还能不太费力地跟上他的话，但是，随着他指出的微小细节越来越多，他的语速也加快了。最终，我完全跟不上节奏，感觉声音从交谈中渐渐隐去了，我的眼神也涣散起来，野牛身上的细节也开始消失不见了。在伯爵的声音变得越来越远的时候，我终于回过神来。我立刻发现洞室内只剩下我一个人了，唯一能听到的便是耳朵里血液的流淌之声。

我听说贝古昂家族保存着一本皮边儿的留言簿，一个世纪以来参观过这座洞穴的游客不仅在上面写下了对贝古昂家族的感激之情，还描述了自己瞥见黏土野牛雕塑时的经过。几乎每个人都异常激动，如出一辙地陷入了晕厥状态。路易·贝古昂形容自己"钉在了原地，无法开口言语"。康基也描述说自己进入了一种全身麻痹的状态。库恩博士走到洞穴的后部时，感觉整个人都得到了"救赎"。诗人克莱顿·埃什尔曼写道："置身杜贝尔洞穴 / 听灵魂深处低语说 / 相信上帝。"留言簿上每一处文字和诗歌所书写的都是对精神的敬畏之情。每一位去过那间洞室的游客都感受到了一种"可怖而迷人的奥秘"，这也就是哲学家菲洛索夫·鲁道夫·奥托所描述的神圣的基本元素。

这种反应相当奇怪。毕竟，我们几乎对野牛一无所知。一万四千年过去了，马格达林期人成了黑暗之下无法触及的幻影：我们只能通过拼凑他们的碎骨以及远古篝火散落下的灰烬来了解他们的生活。我们也只能对他们的神话、神明，以及他们所构建的宇宙的形状和轮廓做出最模糊的猜测。社会学家罗伯特·贝拉（Robert Bellah）写道："任何圣物被认为神圣一定是'在一个特定的社会环境中'的，对于该社会来说，它们是神圣的，在一个既定社会的仪式活动中，圣物才变得神圣。"任何有关野牛的文化背景都已遗失，无法补救。这对于马格达林期人来说，仪式为野牛雕塑注入了重要意义。然而，一万四千年后，当人们开着旅行车，吃着从杂货店买来的速冻食品来到这间洞室参观时，身处当今世界却跪倒在了野牛雕塑的面前。即使到现在，我们都还臣服在黑暗中的野牛脚下，以礼拜的姿势抬头凝望着它们，眼中既光彩熠熠，也氤氲着湿气。在这间洞室中，时间之轮已经崩毁，我们与祖先的距离也已缩短到了一根头发丝的宽度。

　　诗人玛丽·吕夫勒（Mary Ruefle）写道："'奥秘'和'神圣'这两个词是兄弟。"在杜贝尔洞穴的后部，我们感受到的是一种神圣感和隐秘感相互交织所带来的力量——奥秘与神圣，隐匿与神学——它们贯穿了人类所有的精神实践活动。这种力量是印度教礼拜的核心，来到寺庙的信徒会走近一尊封闭于黑暗屋舍中的神像。巴布亚新几内亚乌拉普明部落的成人礼也是在一个神秘且封闭的黑暗之所进行的，那里永远都黑得伸手不见五指。甚至在古埃及，寺庙中最神圣的隔室就是那间最黑暗的庙屋，一间神秘的圣殿往往隐藏在石门的后面。

　　所罗门王在《圣经·旧约》中说道："上帝已经把太阳挂在了天空，但他说自己将住在幽暗之处。"事实上，亚伯拉罕诸教教义都起源于神圣的隐秘性这一思想。希伯来人在沙漠旅途中拜神用的会幕即所有神圣建筑的最初样板。会幕是一种类似帐篷的便携式设备，在大批希伯来人出离埃及，漫游到沙漠中时，它充当了上帝的圣殿。会幕是一座开阔的院子，中心有一顶矩形的帐篷，其上有一扇门，可以通往一间隔室，但只有神父才能进去。在隔室的后部有一帷纱帘，后面藏着一间密室，名为"至圣所"，里面是永恒无尽的黑暗。至圣所里放着最为神圣的圣人遗物，其中就包括上帝的终极代表物——结约之柜。只有大祭司才被允许进入至圣所，并且每年只有一次机会。赎罪日当天，他会将自己的鲜血洒上约柜，以抵偿人类的罪孽。

　　希伯来人最终抵达以色列后，严格按照会幕的蓝本在耶路撒冷的圣殿山上建立了第一座神殿，至圣所就坐落在一座石山深处的洞穴里。从来没有一位考古学家全面探索过这间洞室，它太过神圣了，而且还涉及极端政治纷争。但是，人们说如果你在洞室中适当的位置上敲击地面的话，就能听到自地下传来的一种回音。总而言之，不难想象，会幕包括至圣所是洞穴表现在建筑领域的复制品。会幕是一间黑暗地带的洞室，但却方便携带，让流浪的希伯来人可以实行祖先的仪典。很久以前，他们的祖先就在地下的黑暗中举行这些仪式，只不过是不同的版本罢了。

如果说我们能得到任何一点线索——哪怕只有萤火虫的微光那么大——来了解很久以前杜贝尔洞穴内到底发生过什么的话，那么它一定来自野牛所在房间的隔壁洞室，安德烈亚斯现在正带领我们过去。他蹲在那间洞室的入口处，把灯光照在洞室正中的一个巨大的深坑上，马格达林期人就是从那里挖出黏土来塑造野牛雕像的。安德烈亚斯一边解说，一边把灯光扫过洞室，里面散布着大量的人类脚印，总共一百八十三个，但是令人奇怪的是，它们几乎都是脚后跟印。2013 年，为了揭开脚后跟印之谜，贝古昂家族安排了一次洞穴之旅，邀请了三位来自卡拉哈里沙漠桑部落的男士前来参观。桑部落人传承着世界上最古老的文化，仍遵循传统的生活方式，是现存的最后一批以狩猎采集为生的群体之一。这三个人是足迹追踪的行家、老手，他们能根据一个清晰的脚印判断出人物的性别，是否受伤、生病或携带物件，脚步是快还是慢，甚至还能辨别出其精神状态是紧张还是松弛。在杜贝尔洞穴的尽头，三人蹲在乱七八糟的脚后跟印那儿看了一小时，你来我往地用母语讨论了起来，场面十分激烈。

他们推断，一万四千年前，有两人到达过这间洞室，他们分别是十四岁左右的男孩和三十八岁上下的男子。他们在这里来回走动，将洞坑内挖出的大块黏土不停地搬运到隔壁野牛所在的洞室，负担的重量使他们的脚都陷进了泥巴里。但是，三人断言道，脚后跟印并不是由在低矮的洞室内活动造成的，而是马格达林期人故意为之的结果。他们说，这些脚印可能是某种仪式的残迹，也许是一种舞蹈，尽管看起来像是，但也很难言之凿凿。不管怎样，这些足迹追踪者赞成这些脚后跟印是一种后跟行走的活动遗留下来的。他们解说道，卡拉哈里沙漠的每一个人都认识自己所在群体中其他人的脚印，在某处留下一个脚印就像签上了自己的大名一样。（如一个群体内不可能有婚外情发生，因为任何一个足印都会立即把你深夜私会的秘密暴露出来。）掩藏身份的唯一方法便是采取真正的匿名行动，即用脚后跟行走。当我们蹲在石化的脚后跟印旁时，我想象出马格达林期的雕塑家正借着昏暗的火光不停地忙碌的画面，他们在为一个我们永远也无法完全理解的仪式做准备。但是，这个仪式太过神圣了，他们必须掩盖自己的身份，即便是在隐秘之地也要隐姓埋名。

在返回洞穴入口的路上，我们又拱过了猫道，爬下了悬崖壁，进入了婚宴厅，其间，我回想起曾经听过的一个故事，讲的是巴勃罗·毕加索参观拉斯科洞窟的经历。这座洞窟距离杜贝尔洞穴只有几小时的车程，其中也有马格达林期人绘制的壁画。这个故事发生在 1940 年，当时拉斯科洞窟才重见天日数月不久，依然处在原始的状态，尚未为游客配置设施，只有一群组织散漫的当地人拿着手电筒带领他们前去地下参观。当时，毕加索爬下了潮湿的洞穴，视线随着导游忽明忽暗的灯光落到了洞顶上，然后他便看到了石壁上飞驰的公牛、驯鹿和骏马。那一刻，毕加索被时间的洪流击败了，古物的潮水从远古冲刷到了当下，他喃喃道："我们之所创，无一为新。"

临近深夜，我们一行人会聚在贝古昂家族的藏书室里，在一张厚重的红木桌子旁围成了一圈，桌上摆着一尊青铜的黏土野牛模型，还有一张贝古昂伯爵祖父的照片。夜已深，大家都很疲惫，耳朵周围沾满了泥巴，但是，每个人的脸上都洋溢着由洞中经历带来的喜悦之情。我们都在留言簿上签下了自己的名字，然后，贝古昂伯爵打开了一瓶麝香白葡萄酒与我们共饮，我们用塑料杯来装盛葡萄酒，为下午的邂逅举杯，也为野牛雕塑举杯。

伯爵说，这对野牛雕塑是"一个保存的奇迹"。要是把它们的位置往左边或者右边稍微挪那么一小段距离的话，野牛可能也就因洞顶滴水而惨遭毁坏了。尽管每一位埋葬学家——研究腐烂性质的科学家——都会认为野牛雕塑的保存状况令人惊叹，但是我在想使用"奇迹"一词是否正确。我猜测马格达林期人已然知晓腐烂和保存的规律。对于一个居住在大自然的民族来说，自然永远是瞬息万变的，他们的日常生活完全依赖于变幻莫测的天气和猎物的移动迁徙，以及应季蔬菜的萌发与生长。他们知道一个毫无生机的空间拥有一种独特的能量，将物件放置在封闭的地下深处便可使其永久保存。

我踏上了回程。在经过皮若尔庄园的前大门时，我想起了野牛雕塑，想起了它们就隐匿在小小的拱顶圣殿中。我不禁对一种可能性感到惊叹，即也许在下一个一万四千年后，不管地表世界如何变迁，历经沧海桑田之后，那对野牛雕塑仍旧保持着原始的样态，仿佛封于琥珀石中，不曾有丝毫改变。

我回到了纽约。在寻找了 REVS 大约十年后，我终于找到了他。一天下午，我和我的朋友拉迪在他位于布鲁克林的餐厅里聊天。拉迪向我讲述了自己家庭的故事，告诉我他的父亲如何从巴基斯坦来到纽约，又如何在百老汇各处兜售人造珠宝。后来，他的父亲用挣来的钱买下了一间熟食店，又把熟食店扩张成了一间杂货铺。最终，他的父亲成功地在湾脊区买了一套房子，而他小时候就是在那里长大的。

几年前，我告诉拉迪，我花了很长时间在他幼时住过的老街区寻找一位名叫 REVS 的涂鸦艺术家。这位艺术家行踪如鬼魅一般飘忽不定，在纽约的隐蔽之地书写着自己的人生故事。

"我知道 REVS，"拉迪咧着嘴笑道，"我和他一起长大的。"

2 月里一个寒风阵阵的夜晚，我在布鲁克林参加了一场比萨晚宴，竟发现 REVS 就坐在我的对面。我曾时常幻想这样的场景，然而当它真的发生时，一切感觉就像梦境一般。桌旁交叉围坐的还有画家、音乐家和电影制作人。REVS 五十岁出头，面庞透着红润的稚气，羊毛小便帽下有一双蓝灰色的眼睛。其他人都在说笑，而他却静静地靠坐在椅子上。他很谨慎，小心地提防着每一个人，尤其是我这个他唯一不认识的人。

我想告诉 REVS，我爱上纽约，有一部分原因就是他的日记；我想告诉他，我几乎抄录了他日记中的每一页内容；我想告诉他，我曾常常向朋友们引述他的话语；我还想告诉他，我可能是这个世界上除他自己之外最了解他日记内容的那个人。晚宴还在准备时，我在笔记本上写满了我对日记中具体语录的疑问，想象着我们可能会就其文章内容展开一段细读。但是，在我拿出日记，若无其事地问起他是如何想到在墙上写日记的主意时，他坐在座椅里把身子转向一边，双臂交叠，很明显不想谈论这件事。

"我在执行一项任务。"他说道。话音刚落，他便把注意力转回到比萨上，示意谈话结束。

我试图鼓动他继续说，但他再一次拒绝了，说道："我只是在执行一项任务。关于日记，这实际上就是我想说的全部内容。"

晚餐仍在继续，纽约过去的涂鸦帮派为争夺领地而斗争的陈年旧事飘荡在谈话声中。REVS 偶尔会插嘴说上一句，我注意到，他仍然说着 20 世纪 80 年代十几岁的涂鸦者所使用的俚语，除此之外，他缄口不言。

最后，在谈话的间歇，我注意到 REVS 看向了我。于是，我感到更有勇气了，便向他诉说我们之间的交集。我说自己去过很多地下隧道，也在很多铁轨上奔跑过，每当在黑暗中发现他的日记时，我都感到一种隐秘的兴奋。

他眯起眼睛看向我，态度依旧冷漠，但是现在却少了那么一点轻蔑之意。

我想询问 REVS 有关我看过的其中一页日记，页码为八十，上面描述了他涂鸦生涯的开端。"把你的印记留在某个东西上。这个主意一下就击中了我的内心，"他写道，"如果我也可以做到的话，那么我将永远为之。"我想知道 REVS 是否想象过这样一个未来纽约的画面：城市凋敝，区域过度膨胀，一群探险者小心翼翼地爬到地下，点着灯光，穿过腐朽的隧道，最后发现了一页 REVS 的日记，它依然存留在黑暗之中。

"写日记是为了让某些东西留存下去吗？"我问道。

他耸了耸肩，一言未发。

然而，过了一会儿，REVS 转向我说道："你知道吧？有些日记是封存着的。"

我抬头看向了他。

"从前，我会在紧急出口的后墙上涂鸦，"他说道，"现在，有一些壁凹已经用砖块堵上了。"

"谁堵的？"我问道，"是纽约交通运输管理局吗？"

　　我脑海中浮现出一个孤独的身影：深夜里，他出现在隧道的深处，戴着一顶偷来的纽约交通运输管理局的安全帽，裹着一件荧黄色的背心，握着一把铲子，蹲在一桶混凝土旁，然后，一砖一砖地在黑暗中遮盖自己的涂鸦。

　　REVS 盯着我的眼睛看了片刻，然后便把目光移开了。

第八章

黑暗地带

要想认识黑暗就得走进黑暗。
走进没有光的世界，
你会发现那里也有鲜花和歌声。

——温德尔·拜瑞，《认识黑暗》

1962 年 7 月 16 日，二十三岁的法国地质学家米歇尔·西弗尔（Michel Siffre）戴着安全帽，站在连接法国和意大利的阿尔卑斯山脉的高处，郑重地向一小圈环绕在自己身边的朋友和祝福者们点了点头后，便顺着金属梯子向下爬进了斯卡拉森洞穴的入口。他在一片漆黑中着陆，那是一个距地面约 120 米的地下空间，灯光照射洞内时，壁上现出了密密麻麻的蓝色冰晶，冰晶在光线下闪烁着隐隐的光芒。洞室的中央放着一顶红色的尼龙帐篷，几件可折叠的家具，大量的罐头和水，以及一部由一根电线连接到地面的单线野外电话。西弗尔拉了下梯子，向地上的团队发送了一个信号，然后便看着梯子缓慢地消失在视线之外。最后，他独自一人待在无边的黑暗和寂静之中。西弗尔将在这个洞穴中生活两个月，在此期间完全与世隔绝，不会回到地面上去。

这是一项时间生物学实验，目的是研究生命固有的生物节律。也就是说，在一个真空般的洞穴内——置身于绝对的黑暗中，与日出日落隔绝，没有日历和手表，也不知道日期和时间，西弗尔的身体会回归到一种自然的醒睡周期，形成一个原始生物钟。他说，如此一来，自己会发现"人类最初的节奏"。

待在洞里的那段日子，西弗尔完全凭借直觉来感知时间的流逝。他会在日志里记录下自己每天的动态：何时感到困倦、何时准备睡觉、何时醒来，以及何时进食，他都会依照感觉写下相应的时间。随后，他会通过电话向地面支持小组汇报自己的日程，小组人员会对应记录下客观的时间。除汇报情况外，西弗尔不能与地面小组有任何其他的交流，组内有一些成员是他在巴黎索邦大学的同学，这一安排是为了防止他们泄露任何一点有关地表时间的信息。实验结束后，西弗尔会对地下的主观时间表（表上的时间单位为"觉醒"）和地上的客观时间表进行比较，看看两者之间有哪些差异。

梯子"哐啷哐啷"地从视野中消失了，西弗尔变成了黑暗地带里的常住居民。他有几个光线微弱的手电筒和一盏电石灯，但为了节省电量和煤气，这些灯大部分时间都是关着的。白天（西弗尔自认为的白天），西弗尔会用唱机播放贝多芬的奏鸣曲，也会打开手电筒读读书（他带了塔西佗和西塞罗的著作，以及几本生存冒险类的书籍。本来，他还打算带上柏拉图的《理想国》，看看其中的"洞穴之喻"，但却把它忘在了家里）。他还会遥想身在巴黎的女友，或者在黑暗中玩一个游戏，把一块块糖果努力投进一壶沸水里。西弗尔一度和一只蜘蛛交上了朋友，并把它养在一个小盒子里。（他在日志中写道："她和我在这里都很孤独。"）

西弗尔此时遵循着一种"睡—醒—睡"式的日常作息，他发觉自己在与地下环境给他带来的反复无常的复杂心绪苦苦斗争，这是一个"永恒不变"的世界。时光流逝，西弗尔陷入了一种疏懒的冬眠状态，他的新陈代谢变得缓慢起来，视觉和听觉变得迟钝，思维也逐渐飘忽。空间的无限性带来的恐惧感缠绕着他，他开始怀疑自己从事此次任务的原动力。西弗尔写道："我确实不是自愿参加此次探险活动的。一定是某些外部的或者上级的力量迫使我来的！"他开始出现幻觉，看见光点到眼前闪烁。他甚至一度在黑暗中放声尖叫。西弗尔后来写道："我现在明白了人们为什么总是在神话里把地狱归于地下。"

9 月 14 日是西弗尔待在洞穴中的第六十三天，地面支持小组的人员从洞口放下了金属梯，宣告实验结束。西弗尔却感到困惑：根据他自己记录的"觉醒"表，当天应是 8 月 20 日。他对时间的感知落后了整整二十五天。奇怪的是，地上人员的日志却显示他的身体并没有忘记时间：西弗尔的平均睡眠—觉醒周期仍徘徊在二十四小时左右。

西弗尔毕生都致力于研究自己处于洞穴深处时的自然生物节律。斯卡拉森洞穴的任务结束几年后，他成了人们口中的"地下的雅克·库斯托"（Jacques Cousteau），隐居在法国夏纳附近的一个洞穴深处。1972 年，美国宇航局赞助他前往得克萨斯州的午夜洞穴（Midnight Cave）里进行探险，他便孤身一人在那座洞穴中生活了六个月。六十岁时，他还独自在法国的克拉姆斯洞穴中度过了两个月。几乎在每次实验中，西弗尔都会经历一瞬间的与现实脱离的体验，那时他的意识里只有自己。我在研究西弗尔的工作和阅读他的每份实验报告时，感到这些探险的价值不仅在于睡眠周期方面，还有一些其他的意义。西弗尔长期隐没在黑暗之中，这让他接触到了某些更奇特、更重要的物质。

在《超越时间》一书中，西弗尔写下了有关自己在斯卡拉森洞穴中的初次实验，我在书中看到了一张这位年轻的科学家在实验的最后一天从洞穴出来的照片。从照片来看，他在"永恒的地下暗夜"里度过了两个月后，身体太过虚弱，无法独自爬出洞穴，只能由一条降落伞保护带吊到地面上。西弗尔的身体荡来荡去，像一个提线木偶一般松弛无力，连意识也是时有时无的。他戴着黑色的护目镜来遮挡阳光，看起来像是经历了一次宇宙旅行。西弗尔面色苍白，脸颊凹陷，瘦骨嶙峋，完全不似两个月前的模样，仿佛他已经死了，正在被带回活人的世界。

西弗尔从斯卡拉森洞穴出来的形象让我想起了一个关于古希腊哲学家毕达哥拉斯的故事。毕达哥拉斯因长期隐居在洞穴中而闻名于世。

人们如今称呼毕达哥拉斯为数学家，但在公元前六世纪，他被尊为半神人、圣人，正如一位与他同时代的人所写的那样，他能听到"星星演奏的音乐"。虽然毕达哥拉斯的著作都没能保存下来，但其追随者相传他施咒治愈了病人、预言了地震、压制了雷雨、穿越回了过去，还会"分身术"，能同时出现在两个地方。即使考虑到传言中有大量夸张的成分，但也没有人怀疑毕达哥拉斯以这样或那样的形式拥有一种超人类的力量。（就连明智的亚里士多德也承认，"拥有理性头脑的生物有神、人，以及如毕达哥拉斯一样的生物"。）每个人都认为毕达哥拉斯充满智慧有一部分是因为他将自己长期关闭在黑暗的洞穴里。毕达哥拉斯在萨摩斯岛拥有一座自己的洞穴，名为"哲思屋"，他隐居在黑暗的洞中，以冥思宇宙的纷繁复杂。有一次，毕达哥拉斯裹着一件黑色的羊绒衣，爬进了克里特岛上的一座洞穴，整整二十七天都没有露面。最终，这位哲学家带着苍白而憔悴的脸色，从洞穴里艰难地爬了出来，然后，他向弟子们宣布，自己到冥界走了一遭，现在已拥有了超越任何凡人的圣知。

我对这两种相似的洞穴隐居行为感到十分惊讶：西弗尔深入黑暗以测试自己的身体极限；毕达哥拉斯下入洞府来寻求神秘的智慧。这两个人似乎在交谈，分享着一个跨越两千年的秘密。这种历史的回响激发了我的好奇心，促使我展开了一次不科学的，也许可以说是鲁莽的实验。我来到黑暗地带进行了一次静修，在洞穴深处安营扎寨，独自一人在无边无际的黑暗中度过了二十四小时。

我请了纽约的一位朋友来协助自己完成实验的组织工作，他名叫克里斯·尼古拉（Chris Nicola），是美国最有经验的洞穴探险家之一。他曾前往全世界的几十个国家进行洞穴探险，也就长时间待在黑暗地带这一问题做了许多思考。1993 年，克里斯曾前去乌克兰西部探索一座名为"神父洞"的石膏洞穴，在那儿发现了一处位于地下 21 米处的旧营地残迹。营地里有木制的床架、破碎的陶器、精美的纽扣和磨面用的磨盘，还有一打皮鞋。克里斯花了数年时间才解开神父洞内营地的秘密。他了解到，二战期间，有三十八个乌克兰犹太人（有年长的妇人和年幼的孩子）在洞穴里生活了一年半以躲避纳粹党人。克里斯找到了所有从洞穴中幸存下来的人，采访了他们身居地下黑暗之中的经历。后来他根据这些故事，写了一本纪实类书籍——《神父洞的秘密》，并拍摄了一部纪录片——《洞穴求生》。

我告诉克里斯自己想要探索黑暗地带对人的意识的影响，他听后完全明白我的意思，甚至知道我应该去哪里进行实验。克里斯有一位长期从事洞穴探险的朋友，名叫克雷格·霍尔（Craig Hall），住在西弗吉尼亚州的波卡洪特斯郡。克里斯说克雷格在那儿拥有一大片土地，里面到处都是洞穴。

他说："克雷格本人也十分了解黑暗的洞穴，去找他吧，他会为你安排的。"

我开车行驶在西弗吉尼亚州的道路上，沿途经过了曲折蜿蜒的山路、老旧歪斜的小木屋还有鱼饵店，以及乡村教堂。此外，林中吹来了凉爽清新的风，我发誓我能闻到空中飘来的那股洞穴里的麝香味儿。西弗吉尼亚是"洞穴之乡"，几乎整个

州都是喀斯特地貌，这种石灰岩地形很容易受到水流的侵蚀作
用而形成洞穴。根据美国国家洞穴协会的统计，西弗吉尼亚州
全境约有四千七百个洞穴，相当于每平方千米即有两处洞穴，
是美国洞穴最为密集的地区。最后，我来到了克雷格所在的希
尔斯伯勒镇。在他家附近的一个杂货铺停车买三明治时，柜台
后的店主老夫妇问我为何从北方来到这里，我告诉他们自己要
去拜访一位家有很多洞穴的人。

　　"你只要在这儿有块地，不论多大，你都会拥有洞穴。"
老先生说道。

　　克雷格·霍尔在自家车道上迎接了我，这条车道隐匿在山
坡上的一堵树墙后面。克雷格年过六旬，身形高高瘦瘦的，修
长强健的四肢让人一看就知道这曾有助于他四十多年来的洞穴
探险活动。他的头发往后梳着，绑成了一个凌乱的灰色马尾辫，
一派旧式油画里的美国拓荒者形象。他和妻子蒂基——她身材
矮小、聪明机敏，也是一位洞穴探险者——共同生活在占地 0.8
平方千米的野生林地里。那里草木蓬乱，他们居住的两层小楼
与高耸的橡树对比强烈。20 世纪 70 年代初，克雷格和蒂基相
识于北卡罗来纳州的一个嬉皮士农场里。后来，他们开着一辆
大众牌小汽车驶入了西弗吉尼亚州的农村，爱上了在当地发现
的一切事物后便留了下来。他们来到这里已经四十年了，此地
已经成了他们的家。但是这里位于阿巴拉契亚的边缘，氛围阴
森而可怕，这么长的时间却未让他们对这一地区感到木然。克
雷格告诉我，此地生活着一些古老的家族，他们非常孤立，存

续已久，所以说话仍带有爱尔兰祖先的口音。他还说附近有一家人全部都是有名的杀人犯，他们全都长着双排牙齿。他的朋友们在这些山间看到过鬼魂，那是些年轻的士兵，穿着南北邦联的制服，拿着火枪，在森林中行进。

"这里下了些雨，所以大部分洞穴都进了水，"克雷格说道，"但是我还有一座洞穴，它可能很适合你。"

走到马腾斯洞穴的入口时，我们感到一阵凉风自黑暗中呼啸而来。克雷格解释说，这座洞穴长约 400 米，有一条小溪自中间流过。洞穴十分宽敞，便于进出，不仅我能轻易进去，动物一样可以。站在洞口，克雷格向我列举了我可能遇到的各种动物：浣熊（"它们总是在附近出没"）、熊（"每年的这个时候不怎么出现，但也可能有"）、林鼠（"如果你看到一小捆树叶，那其实是它们"）、短尾猫（"可能有"）、黑豹（"有"）。他也许注意到我的脸色变得有些苍白，于是停了下来。他告诉我，综合各方面考虑，不用担心。"记住，对它们来说，人类并不好吃。只要你不打扰它们，它们也不会打扰你。"

当时刚过下午六点，我和克雷格商量好了，如果明天这个时候我没有回到他家，他就会过来找我。说完，克雷格便回到了他的卡车里，而我走向了洞穴的黑暗中。

与西弗尔在斯卡拉森洞穴的野营地相比，我在马腾斯洞穴的驻扎地算是相当奢侈了。我在离洞口处一两百米的地方安顿了下来。这里的土地松软干燥，洞顶高到能容我站起来。洞内气温约为 12.8 ℃，那条小溪大概就从距我帐篷 6 米处流淌而过，发出轻柔的潺潺声。我把睡袋铺开，紧贴着洞壁，想着这样黑豹就无法从后面攻击我。在我把头灯往上照时，岩石洞顶上凝结的水珠微微闪烁出圣洁的光。

吃完一块三明治后，我拿出一瓶私酿酒喝了一口，这是西弗吉尼亚州的一位朋友送我的幸运礼物，他也是一位洞穴探险者。然后，我去小溪那边小便了下，便坐回到睡袋上，看了眼表上的时间——下午六点四十六分。我打起精神，深吸了一口气，伸手熄灭了头灯。

起初，黑暗并没有让我感到害怕。我认为这就和深夜在一间不熟悉的房内醒来，等着眼睛适应黑暗没有什么不同。我倚靠在一块小圆石上，把睡袋拉到大腿处，然后打了一个小酒嗝儿。我盘腿而坐，挺直了腰背，盯着眼前的黑暗，感到心平如镜。在最初的几分钟里，我凝神于自己的呼吸，感觉到思绪飘飞，想着自己可以在这儿坐上好几天。但是，在我开始眨眼时，一切都改变了。我眨了眨眼睛，却看不到任何能证明我眨了眼的证据。我可以感受到眨眼的动作——肌肉收缩、眼皮闭合、睫毛擦到一起、眼皮抬起——但却察觉不到任何东西。那种感觉就像是身体和大脑无法交流，如同电线在暴风雨中断裂了一样。

我们对黑暗的厌恶深深根植在我们的眼睛里。我们是活跃于日间的生物，意味着我们的祖先，乃至我们最精致的身体器官，都适应在太阳升起时觅食、寻向，以及寻找容身之所或进行相应的活动。毫无疑问，我们的眼睛在白天能发挥极大的作用。我们拥有大量的感光细胞，又名"视锥细胞"，能帮助我们瞄准最细微的细节：我们的祖先能看到遥远地平线处的猎物，也能瞥见树叶间的一颗果子，还能仅凭确切的颜色就判断出果子是否成熟。但是没有了阳光，我们的眼睛几乎也就失去了用处。由于我们的视锥细胞过多，我们缺乏另一种光感受器——"视杆细胞"，它能让我们在低亮度下看见事物。每当夜幕降临，我们的祖先就会变得脆弱。他们进入了一个被夜间猎手主宰的世界，由一个猎人转变成一个猎物。这些夜间猎手天生就具有强大的夜视能力，如狮子、鬣狗、剑齿虎和毒蛇等。对我们的祖先而言，一个极度恐怖的场景便是流浪在黑夜中的稀树草原上，与此同时，耳边传来食肉动物的爪子敲击地面的声响。

在现代西方，人们已经不必再担心夜晚会受到剑齿虎的攻击，但是，置身黑暗时，人们仍旧坐卧难安。安妮·迪拉德（Annie Dillard）写道："千万年后，我们依然是黑暗里的陌生来客，是敌营里双臂环绕在胸前的可怕外来者。"很多次，黑暗都带给了我紧张和忧虑。童年玩沙丁鱼游戏时，我躲在父亲的壁橱的一角，紧张得心脏怦怦直跳。身在澳大利亚的灌木丛中时，我起床小便却没有手电筒，也看不见帐篷，便跌跌撞撞地向黑暗中跑去，想象着身后可能会有成群的澳洲野犬。纽约的"桑迪"飓风过去后，我穿行在曼哈顿下城区，走过城市里一个又一个停电的街区时，吓得脖子后面的汗毛直竖。但是，这些都是局部的黑暗，在这些场景中，总会有一个小光点穿过锁眼透

射出来，或者天空中会闪现出一颗光芒微弱的星星。眼睛会就
此做出调整，打开虹膜来收集光子。但地下却完全不然，没有
一个光子能穿过洞穴进入黑暗。这里的黑暗古老而厚重，是创
世纪中记载的黑暗。

恐惧钻入了我的体内，啃食着我的心房。那种感觉就像是
被剥皮拆骨，五脏六腑都被人从身体里掏了出来。我感到心脏
在有节律地跳动，肺叶在肋骨间膨胀，会厌在快速地开合。视
觉功能已然消失，其他的感官随之放大。刚进洞穴的时候，我
几乎听不到溪流的声音，但现在流水声却回荡于整个洞室，大
有喷发之势。泥土和潮湿的石灰岩之气浓郁得仿佛我在触摸这
些物质。我似乎能尝出洞穴的味道来。这时一滴水珠从洞顶坠
落，在我的额头溅开，我几乎惊得跳出睡袋。

我们对感官剥夺的最初研究源于"冷战"时期关于精神控
制的秘密军事实验。在 20 世纪 50 年代早期，朝鲜公布了一段
视频，镜头中的美国战俘谴责了资本主义并赞颂了共产主义的
优点。美国中央情报局确信这些士兵遭到了洗脑，立即启动了
一项研究精神控制技术的方案——蓝鸟计划。心理学家唐纳
德·赫布（Donald Hebb）是研究小组的成员之一，他提议进
行一项实验，并将其称为"感官隔绝"。

赫布对真正的洗脑并无多大兴趣，但是，长期以来，他一
直好奇大脑对缺失刺激会做何反应。他想了解一些媒体所报道
的事件的成因。例如，英国皇家空军飞行员在经过多个小时的
单独飞行和盯视一成不变的天际线之后，会突然毫无理由地对

飞机失去控制然后坠机；水手们在持续眺望静态的海平线之后，会看到海市蜃楼；因纽特人警告人们不要独自捕鱼，因为人们在白茫茫的北极缺乏与他人的接触，也没有视觉刺激，将会迷失方向，划向大海后再也回不来了。通过测试神经系统对隔绝状态做出的反应，赫伯想知道自己是否能够解答有关脑部结构的疑问。

　　赫布为"X-38"项目搭建了由数个 4×6×8 英尺（1 英尺约为 0.3 米）的小隔间组成的网格状区域，每个隔间都配有空调和隔音设备，然后他开始征募志愿者，给他们每人每天二十美元的报酬，让他们躺在小隔间里接受"感知隔绝"。实验对象的眼睛上戴着磨砂塑料眼镜，以避免"图形视觉"。为了减少触觉刺激，他们戴上了棉纱手套，以及与从手肘到指尖等长的硬纸板制成的"袖子"。他们的耳朵处还加上了一个 U 形的泡沫枕头。这些小隔间全都装配了观察窗和对讲机，以便研究小组能够与实验对象进行交流。赫布要求志愿者尽可能长时间地待在隔间里。

　　起初，赫布是抱着轻松的心态来看待"X-38"项目的。他开玩笑说，这个隔绝实验对实验对象来说最糟糕的部分便是他的博士后们所做的饭菜。然而，在得出实验结果时，赫布却目瞪口呆：实验对象的定向障碍远比他想象的要严重得多。一位志愿者刚完成实验，便驱车离开了实验室的停车场，之后就撞车了。好几次，志愿者短暂休息去方便时，却在洗手间里迷了路，只能打电话向研究人员求助以找到出口。

最令人吃惊的是这些实验对象出现了幻觉。在隔离了数小时后，几乎所有人都看到和感觉到了并不存在的东西。刚开始，他们看到了有规律地跳动着的圆点和简单的几何图案，之后，这些东西发展成了复杂而孤立的图像飘浮在房间中，最后，这些图像演变成了精细完整的场景展现在实验对象的眼前：一位实验对象将其描述为"醒时的梦境"；一位实验对象上报说，自己看到了一队松鼠穿着雪鞋、背着背包正在"目标明确地"穿行于一片雪地；还有一位实验对象则说自己看到了一位老人戴着金属头盔，正在驾驶一个浴缸。在一个尤为极端的案例中，一位实验对象在隔间里遇到了另一个自己：他和自己的幻象开始彼此交融，最后甚至无法分清哪一个才是真实的自己。赫布写道："听说在世界上有人给俘虏洗脑是一回事，但是在自己的实验室里发现这一结论又是另一回事——一个身体健康的大学生只要在几日里被剥夺往常的视觉、听觉和触觉刺激，其内心就会动摇，他连最基本的认知都会失去，甚至还会扰乱他的人格同一性。"

今天，人们已经或多或少地理解了这些反应背后的神经机制。在任何一个特定的时刻，我们的大脑都在接收大量的感官讯息，它们来自视觉、听觉、触觉等。我们已经非常习惯于这种信息的输入流，在它被切断时，大脑便会本能地制造一些刺激。大脑能够识别出自制的图案，将视觉皮质中任何微小的光点与存储在记忆里的图像相结合，设计出可能极为生动但却脱离当前现实的场景。2007 年，法兰克福市马克斯·普朗克研究所脑部研究中心的研究人员与德国艺术家玛丽埃塔·施瓦茨（Marietta Schwarz）牵手合作，进行了一项别具启发意义的实验。施瓦茨将这个实验项目称作"盲研究"，她自愿戴着眼罩生活二十二天，这是一个更大的艺术项目——"空间知识"中的部分内容，该项目还包含对盲人进行采访，涉及知觉、图像、空间和艺术等方面。施瓦茨蒙着眼睛坐在实验室里，用录音机实时而详细地记录着脑中上演的一切。她汇报自己产生了大量的幻觉，其中包括复杂精细的抽象图案，如色彩鲜艳的变形虫、黄色的云朵，以及动物的脚印等。与此同时，研究人员使用功能性磁共振成像扫描仪来追踪她大脑中的血流变化，密切关注她形成幻觉背后的神经动态。尽管施瓦茨的大脑内完全没有视觉信息的输入，但是她的视觉皮质在影像中却像灯笼一样亮了起来，仿佛她完全没有蒙上眼睛一样。

　　换言之，这些幻觉在她的脑部世界里就像任何她能在现实中触摸到、品尝到和嗅到的东西一样真实可感。

　　我在黑暗中大约待了两小时后，那些幻觉出现了。它们就出现在我的头顶上方，呈现为小小的光点，环绕着一圈淡淡的光晕，轻柔且富有节奏感地舞动着。它们的动作缓慢而又温柔，仿若远处有人即将静静地开始一段歌唱。我躺在黑暗中，尽量保持不动，甚至连呼吸都抑制着，就好像这些幻觉是野生动物，我猛然一动便会吓得它们四散而去似的。光点慢慢将我的思维引入了回忆的旋涡，一时上升，而后又坠落下去。我来到了孩童时代，在黎明将至的清晨，待在普罗维登斯市的一处屋顶上，看流星雨优雅地划过天际；我又来到了十八岁，行船于哥斯达黎加的一个环礁湖中，看到漂浮于海面的浮游生物闪着星星点点的光芒；接着我来到了印度中部的大平原上，天地间独我一人，在层层云朵下追逐发光的萤火虫。理性告诉我这些光点组成的影像是幻觉，是我大脑中神经系统失常的产物，然而它们却如此生动地展现在我的面前：出现后回退，聚集后消散。随着光点变亮，我感到了一种离奇的失重感，仿佛自己正缓缓地从太空中坠落。光点变得越来越亮，我突然意识到自己的身体已经变得僵硬，后背不断弓起，仿佛有什么东西正在把我拽往光亮中。

循着一条漫长而又曲折的路线，我在马腾斯洞穴黑暗地带里的经历可以追溯到非洲南部的一个部落的仪式，该部落中的人们过着狩猎采集的生活，被称为"昆桑人"。前文已写道，桑部落是世界上延续最为久远的部落，也是全球范围内与世隔绝的一个部落。人类学家常常研究他们的各种仪式，以深入洞察早已湮没在历史中的远古狩猎采集群体的信仰。"传思舞蹈"便是这样一种仪式：夜晚，人们只要围绕着一处篝火，便可开始舞蹈。族人们会以双手拍打出神圣曲调的复杂韵律，然后，一位萨满就会开始跟着节拍跺脚。起初，舞蹈动作很是随意，孩子们在旁边蹦蹦跳跳，但是，随着时间的推移，萨满的动作频率会越来越高。黎明来临时，只见他大汗淋漓，气喘吁吁，情绪高昂。最后，萨满会腿脚摇晃，颓然倒地，在地上颤抖抽搐着，神思半醒，翻着白眼。

　　桑部落的人说，萨满身处这种状态时是在经历一场短暂性的死亡。他的灵魂会脱离肉体前往冥界，首先便会潜入地下之域。一位名叫"Diä!kwain"的桑族萨满称自己的灵魂"在地底游荡了很久，随后出现在了别的地方"。在冥界，萨满的灵魂可以执行任务，能够护送亡灵投胎转世，召唤祖先英灵以求雨水，或者控制猎物的迁移，等等。萨满一旦从神迷状态中清醒过来，便会告知其余族人自己在冥界的发现。

　　宗教学者将这种半意识的情形称为"狂喜状态"，这一说法起源于希腊语的"出窍"，意为"走出自我"。心理学家则将其称为"意识的异常状态"。研究人员很早便发现意识具有多个层次。1902 年，威廉·詹姆斯（William James）写道："我们正常情况下的清醒意识就是我们所说的理性意识，但它只是一种特殊的意识类型，而与其相关的一切都由最薄的屏障阻隔开了，屏障之外存在完全不同的潜意识形态。"

　　研究人员按照不同的阶段对意识的多个层次进行了划分，范围包括从日常生活中的清醒意识状态到做梦时的无意识状态。我们沿着这条轨迹进行一天的活动时，便会和每晚入睡前经历的一样：与外界的刺激逐渐脱离开来，忘记周遭的景象、声音和气味，将注意力转向我们的内部，最终陷入无意识状态。我们的大脑得到了放松，思绪从清醒意识下的线性逻辑中飘了出来，最后，我们来到了梦境的河流上荡漾。

　　但是，这条轨迹是可以被操控的。如果我们大脑中的电化学活动能受某些特殊方式的影响而发生变化，那么我们可能会感应到一种非自然的向内聚焦的状态——即使醒着，也能进入睡梦当中，舞蹈中的桑部落萨满就是一个例子。在半意识的状态下，我们看到的景象以及听到的声音都极为鲜活。墨尔本大学人类学家林恩·休谟（Lynne Hume）主要研究传统文化中的意识状态的变异情况，据他所言，我们屏蔽了"符合逻辑的、理性的思维过程，并对非世俗的体验大开门户"。在这种状态下，我们获得了"不同于经由智力和理性思考而得来的认识"。

在现代西方，人们通常将意识状态的异常与吸毒和精神变态联系起来，这些情况需要在精神病房接受药物治疗或者医疗护理。但在近代世界，意识状态的变异是宗教体验的核心——也许是最核心的部分。曾经的人们相信进入神迷状态是召唤神圣力量、到达精神世界的一种方式。事实上，如今行走在这个星球上的每一个人都是他们的后裔。1966 年，人类学家埃丽卡·布吉尼翁（Erika Bourguignon）对全世界 488 种传统文化进行的一项调查显示，其中 437 种（约 90%）传统文化都有出神仪式这类风俗，只是采用了不同的展现形式。（这个占比现在被认为接近百分之百，因为在该研究之后，许多非洲南部文化采用仪式使意识状态发生异常的情况已经得到了证实，而布吉尼翁当时错过了这一点。）改变意识状态仍旧在宗教活动中广泛存在：海地的伏都教祭司讲不为人知的语言；苏非派神秘主义者舞蹈至神迷状态；五旬节派教会的会众们神游出窍，经历癫痫发作般的突发状况。

出神仪式的细节因文化的不同而有所差异，然而其基本理念却都遵循着相同的模式：当萨满或祭司进入神迷状态时，他们的灵魂会脱离身体、前往异世，在那里获得神秘的力量和超人的智慧，然后回到尘世，重新进入身体。有许多不同的方法能够诱导人们进入神迷状态，米尔恰·伊利亚德（Mircea Eliade）将其称为"狂喜之术"——它们通过阻断或隔绝感觉输入，"从精神层面引起肉体感官的麻痹"，从而创造出一种进入睡梦意识的神经体验。为此，人们会服用精神药物，绝食，拼命跳舞，声嘶力竭地歌唱，或者演奏有催眠作用的鼓乐，以求进入这种精神之境。

人们还有一种选择，那便是进入地下空间。洞穴的黑暗地带一直是诱发意识状态发生改变的理想场所。凯尔特族的预言家在发表预言之前便隐居在洞穴里；中国西藏的僧人和喇嘛在山洞里进行冥想；肖肖尼族和拉科塔族的萨满以及很多其他美洲土著部落的巫师都迁移到地下洞穴开始"灵境追寻"；塞内加尔共和国沃洛夫文化中的神秘主义者和马来西亚毛律族的萨满也是如此。在古希腊和古罗马，先知总是在地下吐露天机。例如，引领埃尼斯（Aeneas）进入冥府的著名的库迈西比拉（Sibyl of Cumae）就住在洞穴深处。埃尼斯在洞中数次进入神迷状态，说出了很多神圣的谜语。这些仪式不仅围绕着德尔菲神谕，同时也以洞穴为中心。（事实上，"德尔菲"一词源自"delphos"，即"洞穴"之意。）毕达哥拉斯在洞穴里闭门不出，其实是在促使意识状态发生某种形式的改变，以求探索尘世之外的世界。

走进洞穴这一传统由来已久，意义非凡，不管言辞被如何夸大都在情理之中。穆罕默德在沙特阿拉伯的希拉洞穴里领会了真主安拉的第一条启示。圣人拉比·西门·本·尤哈（Rabbi Simeon ben Yahai）隐于洞中十二年，苦心钻研《摩西五经》，最终出来时，他的凝视灼伤了众人。希伯来先知以利亚在洞穴中第一次听到了上帝的声音。使徒圣约翰也是如此，他在帕特莫斯岛上的黑暗洞穴里静坐时得到了神示，然后写成了《启示录》。摩西向上帝请求看天颜，上帝让他进入了"岩洞"中。今天，如果你加入一个旅行团前去圣地参观西奈山的山顶，将会看到摩西领受十诫时的洞穴。

柏拉图在"洞穴之喻"中告诉我们通往智慧的路径是向上的，理性和逻辑就在我们的头顶上方，在光明普照的天空里。囚徒只有在离开黑暗的洞穴，走上地表时，才能看清现实。然而，这个世界还存在另一种智慧，它更为古老和世俗，比逻辑和理性隐藏得更深，其路线是向下的，要想获得这种更为神秘的智慧，就要前往洞穴中的更为深远之地，对于这一点，柏拉图并未讲述。为了靠近神明、触及神秘之事、了解隐藏之物，我们走进了黑暗之中。

进入世上的任何一个洞穴，爬过光明与黑暗的交界区，你很可能会在黑暗处看到古代宗教仪式的残迹：填满了随葬品的坟墓、绘制在洞壁上的神圣画作、带有古代火烧痕迹的石头祭坛、用以演奏仪式乐歌的骨笛、祭祀之舞中踩踏出的狂乱脚印，以及人祭和动物祭遗留下的尸骸。

不久之后，我头上的光点闪烁着，开始消散。我舒展了下肌肉，驱赶脖间的紧绷感，平躺在洞穴的地面上。我再三眨了眨眼睛。周遭的黑暗已重归寂静。有一段时间，我凝视着前方的黑暗，沉思起刚刚经历的一切。不知怎的，我对黑暗产生了一种无意识的反射性反应，就好像膝盖在橡皮槌的敲击下发生了弹跳一样。这让我大为惊奇。这些跳动的光点全部是我的身体想象出来的，从大脑和神经系统中升腾起来，然后出现在我的面前。行走在地球上的每一个智人的大脑中都存在这样的结构，它们能产生幻觉，是大脑内部基本连接关系的一部分。也就是说，我在马腾斯洞穴的黑暗中体会到的感觉是成千上万年来世界各地的人们都能体验的。

心理学家将这些小幻觉称为"眼内现象"，"眼内"（entoptic）一词由希腊语的"内部"（entos-）和"看见"（-op）复合而成，指这种现象来源于大脑和视觉处理系统的内部。我在马腾斯洞穴中看到的那些光点及其他一些简单的几何图案，如线条、网格、格状结构、"之"字形等，都标志着我已经进入了意识状态异常的第一阶段。这些幻觉十分普遍：桑部落萨满，亚马孙流域的图卡努部落萨满，以及西伯利亚地区阿尔泰山脉的神职人员，都报告称自己在进入神迷状态的早期阶段经历了眼内现象。这些现象和西方参加神经科学实验的人员所描述的内容恰好一致，如唐纳德·赫布的"X-38"项目中的志愿者便有如此感觉。

在意识状态异常的体验中，第二个阶段也普遍存在，它能引领我们与地下景观之间关系的核心部分。20 世纪 80 年代初，南非人类学家大卫·刘易斯·威廉姆斯（David Lewis Williams）在关于萨满进入神迷状态的人种志记载中发现了这一现象。全世界的萨满陷入变异意识状态的最深阶段时都会经历一场惯性死亡并去往灵界，他们形容说，那种感觉就像是灵魂在不断下沉，而后穿过一个地底黑洞一般，那也像一个旋涡，或者一扇地下大门。正如桑部落萨满 Diä!kwain 所回忆的那般，"在地下飘行了很远"；因纽特族萨满也将自己通向灵界的经历描述为"沿着一条一直往下的路穿越大地"，还说"仿佛顺着一条贴合身体的管道坠落一般，自己几乎是滑翔着穿过那条道路的"；秘鲁科尼宝部落的神职人员将其描述为"循着大树的根部深入地下"；加拿大阿尔冈昆族的一位萨满则将"灵魂走过的路"描绘成"通向大地最深处的洞穴"。

后来，当代心理学研究也发现了类似的幻觉影像：实验对象进入意识异常状态的最后阶段时，会感觉自己仿佛正在穿过一条黑暗的通道进入地下深处。加州大学洛杉矶分校神经系统科学家罗纳德·西格尔（Ronald Siegel）在一项研究中获得了五十八份调查报告，报告涉及 8 种类型的幻觉影像，他发现报告中最常见的一个经历便是穿越一条黑暗的隧道，这种幻觉在所谓的濒死体验报告中尤为普遍。比如，一个人心脏病发作，在救护车里被宣布死亡，而后又苏醒了过来。在此类事件发生之后，病人描述的经历往往类似于萨满进入神迷状态、历经假死的情况。20 世纪 70 年代，精神病学家雷蒙德·穆迪（Raymond Moody）对一百五十位经历过濒死体验的人进行了采访，其研究报告一度成为当时的畅销书籍。在他所有的采访对象口中，最常提到的经历便是感觉到"正在被快速地拉扯着穿过某种黑暗空间"。雷蒙德列举了各种各样的特定相似物，如"洞穴、水井、低槽、围场、隧道、烟囱、真空空间、下水道和阴森的空地"。一位经历者说自己穿过了一个入口，那个入口"刚好能允许她的身体通过"。她说道："我的手和胳膊似乎就在身体的两侧。我伸着头朝前走着，那里很黑，黑得不能再黑了。我穿行在黑暗中一直向下方走去。"

事实上，就在我进入马腾斯洞穴的前一天下午，在西弗吉尼亚州招待我的克雷格·霍尔便恰好向我讲述了这个故事。当时，我正坐在汽车的保险杠上系靴子的鞋带，问道："你以前独自坐在洞穴中过吗？"

"不，没有过，"他说道，"但有时我会让同行的其余洞穴探险者去到洞穴的其他地方。然后，我会关掉灯，一个人坐在一间洞室中。"

"你有过什么奇怪的感觉吗？"我问道。

"你是问我有过幻觉吗？"他问道，"没有，完全没有过。"

我点了点头，接着系鞋带。他说道："它和我死时的感觉是一样的。"说完，他停了一下。

"我二十多岁的时候得了单核细胞增多症，在床上躺了好几个星期。一天晚上，我觉得自己死了——我只能这样说，没有其他的方式可以表达。我能看见我自己；我能看见我的家人。我遇到了一个神，但他把我撵了回去，因为我的大限未至。我不知道自己昏迷了多久。我待在洞穴的黑暗里时，会产生和那晚一样的感觉。"他停顿了一下，接着说道，"那种感觉就像是我的灵魂离开了肉体，在大地中穿梭移动，但同时我又能看到一切。"

"我们的心中都有一个洞穴。"我对自己大声地喊道，看看这句话在黑暗中能回荡多久。换言之，我们大脑的构造便是如此，超越正常意识的感觉和进入洞穴的感觉是相似的。大卫·刘易斯·威廉姆斯在其 2002 年出版的著作——《洞穴中的思想：艺术的意识和起源》中写道："进入意识的旋涡和进入阴间的幻觉，这两种精神性的体验与进入洞穴的感觉是相同的。"这种对应是一种回声，在人类文化中一直彼此呼应，其起源时间可能比我们所能想到的更为久远。很久以前，我们的祖先讲述了"心灵入口"的故事——他们在那里穿越了一条条黑暗的精神通道，体验了死亡，进入了超越日常现实的意识层面。祖先们也讲述了"地下入口"的故事——他们从那里爬进了岩洞，将松木火把作为黑暗中的照明工具，穿越了与任何地表景观都不相同的神秘环境。久而久之，精神景观和自然景观的故事交织在了一起，两者变得不分彼此，最后"心灵入口"和"地下入口"合二为一。

当我们的祖先环绕地球迁徙时，世界上的每一种文化都在讲述这样的门户故事，在那里，英雄们穿过地球上的黑暗通道而进入灵界，然后带着被赋予的神圣智慧返回地面。正如毕达哥拉斯穿越克里特岛洞穴去到冥界一样，世界不同文化中的英雄也是如此，从玛雅人和凯尔特人到古挪威人和纳瓦霍人。甚至耶稣基督也经由黑暗地带去到了阴间。相传，《尼苛德摩伪经》曾被删除的"地狱的痛苦"中记载：耶稣被关闭在他的岩石墓中——我们记得，那是一个洞穴，洞口有一块石头。在黑暗的洞穴中，耶稣离开了他尘世的身体，下到地狱中，到了"最底层"，在那里向死者传道，释放被误囚的灵魂。耶稣是从阴间复活升天的。

《吉尔伽美什史诗》是人类有记载以来的最为古老的故事之一。四千年前，美索不达米亚人将其刻在了一块泥板上，它所描述的故事与下降有关。吉尔伽美什准备前往另一个世界去寻找永生的秘密。为了抵达异界，有"能看见深渊的人"之称的吉尔伽美什必须穿越一条又长又黑的隧道。

　　一直往下

　　穿过漆黑的隧道

　　前后都是漆黑一片

　　两边都是漆黑一片

这是一条模糊的隧道，缺少具体细节的描述，所以我们不确定他是在穿越地球上的黑暗通道还是意识中的黑暗通道。

每当我们凝视洞穴、隧道或地面上的任何其他洞口时，脑中总会有一种意识闪现出来：我们在梦中，在意识的边缘看到了这个空间。当我们通过这个入口时，便知道自己正在远离表面清晰的世界，从普通意识的线性和逻辑中抽离出来，滑入了无意识的流动中。我们是米歇尔·西弗尔，试图改变黑暗地带的生物循环；或者我们是毕达哥拉斯，与祖先的灵魂进行交流。无论属于哪种情况，我们都在踏出平凡现实的旋涡，逐渐接近世界边缘之外的事物。

在马腾斯洞穴的最后几小时里，我躺在黑暗中自言自语，感受着洞穴无形的轮廓在我的回声中显现。当越来越焦躁不安时，我脱下靴子，站了起来。在看不见的状态下，我开始小心翼翼地绕着我的营地小步行走。刚开始，我拖着步子走，在洞穴的地面上扭动袜子里的脚趾，摸索着寻找圆石，以确保我不会被绊倒。绕着营地走了一圈又一圈，当我沿着小路往回走时，我的步伐不那么小了，双脚可以稍微离地。然后是一个接一个循环，直到我能大步流星地前进，在黑暗中寻找圆石。

晚上不到七点，从山洞里出来时，我刚好在洞穴中待了二十四小时。我站在峡谷边缘，在灯光下眨巴着眼睛。当我的瞳孔缩成小点时，我引用诗人马克·斯特兰德（Mark Strand）的话说："当世界再次聚集在一起。"一位洞穴探险者曾告诉我，身处洞穴就如濒临死亡，但也像未出生一样，现在这两种感觉我都体会到了，即感觉自己仿佛从另一个世界回来，第一次踏入这个世界。最后，我把包扛在肩上，徒步到森林里。在那里，我对最微弱的东西——光、空气、温暖和光明——充满了感激之情。我感到斯特兰德的最后一节诗在我宁静的心房中欣喜若狂地回荡：

感谢你，永恒的事物！

感谢你，这个世界！

让人意识到这个城市还在这里，

树木还在这里，

房屋依然耸立，

车辆正在鸣笛，

奶牛在草地上悠然地吃草，

地球在继续转动，时间没有停止，

我们完整地回来了，

吮吸着白昼的甘甜。

第九章

狂热崇拜

据某些人说，
这座城市的神明居住在地下深处，
居住在流入地下溪流的黑色湖泊中。

——伊塔洛·卡尔维诺①，《看不见的城市》

---

① 伊塔洛·卡尔维诺（1923—1985），意大利当代作家。代表作有小说《分成两半的子爵》《树上的男爵》和《不存在的骑士》等。

墨西哥的尤卡坦半岛很可能是地球上洞孔最多的地方。这片土地上布满了洞穴、坑洼、裂缝和深坑，你走路时必须紧盯着地面，否则很可能会摔进地下凹陷中。就像北极地区的人们夜晚会梦见冰川，沙漠中的贝多因人夜间会梦到沙丘一样，尤卡坦半岛的居民很久以前便发现洞穴占据了自己平静的思绪。

1959 年 9 月 15 日下午，一位名叫何塞·温贝托·戈麦斯（José Humberto Gómez）的年轻人打算进入一座名为巴兰坎奇的小型丛林洞穴。这座洞穴隐藏在森林之中，距离奇琴伊察只有数千米远。奇琴伊察是一座古玛雅旧城遗址，城内拥有高耸的金字塔和雅致的石头庭院。20 世纪初，考古学家第一次记录下巴兰坎奇，这座洞穴名气较小，甚至并无多大引人关注之处。几个阴冷潮湿的洞室内留有少量的古玛雅陶器碎片以及大量的蝙蝠粪便，此外便再也没有什么了。

温贝托是一位二十岁出头的年轻小伙，清瘦结实，眼神明亮，是一个带领游客参观古城遗迹的导游。在他还是一个小男孩的时候，便跟随祖母来到了这片森林里。他的祖母在森林中帮忙经营着一家名为"玛雅兰"的旅馆。小时候，温贝托每天早上都会沿着丛林村庄之间的小路，骑马进入森林。比如，有一个名为"哈卡拉科普"的丛林村庄里居住的都是玛雅人，也就是那些石头城建造者的后代子孙。温贝托整日攀爬在丛林掩映的残垣断壁中——其中大部分地方尚无考古学家涉足——然后，他会回到旅馆，向祖母汇报自己的发现。旅馆的主管园丁是一位名叫贝尔顿（Bel Tun）的玛雅老人，他知晓这片森林各处的每一条凹槽。在温贝托十三岁的时候，贝尔顿告诉他在丛林中隐藏着一座洞穴。贝尔顿还说这座洞穴已经多年无人参观了，但也许温贝托可以在那儿发现什么有趣之物。

温贝托第一次进入巴兰坎奇洞穴时，引路用的蜡烛是从旅馆的圣诞装饰品中收集来的。他点燃了一支蜡烛，然后又点燃了一支，一支接着一支，最后他便沿着这条烛火闪烁的小径一直来到了洞穴的黑暗地带。那天以后，温贝托感受到了一种来自巴兰坎奇洞穴中的吸引力，吸引着自己一次又一次地回到那里，但是洞穴中并无特别的东西，这种现象令他十分费解。温贝托在洞穴的泥土里挖掘，找寻古代游客遗留下来的手工艺品，或者就只是坐在那里，感受黑暗所带来的压力。有时候，温贝托会带自己的朋友参观洞穴，但是朋友们似乎永远也无法理解他所做的事情，然后，只剩下温贝托一个人在那里疑惑这些朋友到底出了什么问题。温贝托上大学时学了人类学，但是之后便辍学了，因为他更喜爱课堂之外的生活，想念那些漫步林间、寻找废墟、参观洞穴的日子，他对这些事情的了解就像对自己家的了解那样熟悉而亲切。

1959 年的一天下午，温贝托来到一条自己已经参观了数百次的通道。在通道的后部，他看见了一些之前从未注意到的东西。石壁上有一块色彩古怪的区域，其中一半被泥巴遮盖着。温贝托将泥土刮掉后，被眼前的一幕惊呆了：一堵砖墙露了出来，外表和他熟知的古城遗址中的砖石风格完全一致。他拿着一把刀在砖墙上来回地砍，直到砖墙破了口，露出一条通向幽深的黑暗隧道。温贝托的心脏在胸腔里怦怦直跳，他沿着隧道爬向前方。最后，他到达了一座巨大的回音洞，惊呆在那里。

回音洞的中心是一根顶天立地的石柱，它的顶端和底部就像一棵大树的枝干和树根一样四散分开。温贝托站在石柱脚下泥泞的地面上，把手中的光束照在一个陶罐上。然而，陶罐旁边还有一个陶罐，随后几十个容器映入眼帘，有陶罐、香炉，以及骨灰瓮等，所有这些器皿上都涂着耀眼的色彩，雕刻着神明的面容。水珠自石柱上方滴落到陶罐中及陶罐的周围。温贝托定定地站在原地，倾听着黑暗中水滴敲打的声音。他是一千两百年来第一个踏入这间洞室的人。

温贝托发现了那间洞室的消息慢慢地在森林里流传开来。几天后，当美国的考古学家队正要进入山洞时，一位名叫罗穆阿尔多·胡尔（Romualdo Ho'il）的男人出现在入口处。胡尔是哈卡拉科普村的萨满，他严肃地审视着这些考古学家。他解释道，那些陶罐是自己的祖先献给西瓦尔巴——玛雅人的冥界领主们的供品。他认为，由于有人进入了这间封闭的洞室，他们唤醒了超越人们理解能力的强大力量，因此，他必须净化这片空间。

后来，胡尔带着村里的一群男人回来了，他们一起进入山洞后，聚集在石柱的周围。温贝托和考古学家们同样需要受到净化，因此被要求留了下来。仪式进行了二十九个小时，其间，胡尔献祭了三十只鸡和一只火鸡，点燃了柯巴脂香和野蜂蜂巢做的黑色蜡烛，还喝了大量的巴尔曲——一种用发酵的树皮和蜂蜜酿造的圣酒。随着时间的流逝，洞室中的氧气不断减少，黑暗也在烟雾下变得越来越浓重。当洞室几乎令人无法呼吸时，萨满自喉头模仿出了美洲豹的咆哮之声，而其他人则像青蛙一样呱呱而鸣。他们跳舞、祈祷、歌唱，声音在狂热的合唱中逐渐提高。仪式结束后，祈求者回到了地面上，大雨自黑压压的天空倾泻而下，他们便步入了雷雨中。

初次读到有关巴兰坎奇洞穴中的发现时，我从温贝托的洞穴探险中回忆起了自己童年时期前往普罗维登斯市的地下隧道中旅行的经历。虽然，两地的风景截然不同，一处是墨西哥的丛林，一处是绿树掩映的新英格兰街，但是，我们俩当时都是小男孩，都与一个本不起眼的地下空间发展出了一种亲密的关系。就连温贝托看见的水珠自洞顶滴落到古代陶罐上的景象，都让我看到了一种相似的影子。这让我联想到我在隧道中发现那些水桶的画面，水流自上方倾落而下，击打在桶上，发出阵阵穿透黑暗的回响。在这么多年探索自己与地下世界的关系之后，我想知道我是否能够和温贝托谈谈有关他在巴兰坎奇洞穴中的发现，听听那些发现是如何影响了他的生活的。

在我了解到玛雅文化中蕴含着一个大型的洞穴崇拜传统，而温贝托在巴兰坎奇洞穴中的发现只是其中一点时，温贝托很快便从我的脑海中消失了。玛雅人的领土——从尤卡坦半岛、伯利兹、危地马拉、洪都拉斯到萨尔瓦多，都分布着群星般的洞穴。从宏伟的石灰岩洞穴到被称为"天坑"的有水的污水坑，每一个洞穴都被认为是一扇通往冥界西瓦尔巴的精神大门。在温贝托发现那间洞室后的几年里，每当考古学家深入地下进入洞穴中的黑暗地带时，都会发现古代的祭品。有时候只是几个陶罐、几片翡翠，或是几根黄貂鱼脊骨，但是也有一些时候，他们发现了被献祭的鹿、美洲豹、鳄鱼的残骸，甚至还有人类的骨架。在一些洞穴里，考古学家还发现了完全由人工铺就的道路和建造在黑暗中的实体庙宇。古玛雅人常常冒着生命危险来运送这些祭品：他们要游过地下河，爬上险峻的峭壁，然后弯着身子爬进危机四伏的狭窄洞穴中。

当继续与在中美洲丛林里工作的考古学家交谈后，我发现这种文化完全痴迷于地下空间，其中的人们的存在也完全依赖于自身与洞穴之间的关系。玛雅人把城市建造在了洞穴的周围，在寺庙的墙壁上凿刻出了洞穴的雕塑，在陶罐上画出了洞穴的图形。他们跳的舞、唱的歌都和洞穴相关。在复杂的玛雅象形文字中，最常见的字形之一便是代表"洞穴"的符号——ch'en。玛雅的创世史诗神话——《波波尔·乌》讲述了两兄弟——玛雅双胞胎英雄——向下前往冥界西瓦尔巴的故事。这里的人白天到洞穴前礼拜，夜晚讲述洞穴的故事并能梦见洞穴。

"这里是冥界的麦加。"一天下午，一位考古学家在电话中这样告诉我。这位考古学家名叫霍利·莫伊斯（Holley Moyes），来自美国加州大学默塞德分校，已经在那片丛林中工作了二十年。她总是匍匐穿过蝙蝠的粪便，将头盔抵着岩石洞顶，记录着玛雅人对洞穴的崇拜。她的同事们都称其为"黑暗地带女王"。

我了解到，霍利的研究早已远远超出了玛雅人这一范畴。多年来，她一直通过民族学和考古学深入研究洞穴在世界各地的传统文化中所起的作用。2012 年，霍利出版了一本著作——《神圣的黑暗：全球视角下的洞穴仪式之用》。书中，她汇编了考古学家和人类学家所做的有关洞穴和 50 多种文化之间的关系的研究，空间横跨六大洲，时间从现在跨越至大约十万年前的旧石器时代。她指出，有证据表明，地下宗教活动几乎存在一个普遍的传统，这个传统存在于地球上的每个角落、历史上的每个时间节点。

那是一个似曾相识的瞬间，就像走在大街上与一个陌生人擦肩而过时，莫名其妙地感觉对方像是自己的一位老友一样。我解释道，自己多年来一直在周游世界各地，记录着我们与地下世界的联系：我们如何遭到黑暗的排斥，然而又如何受到神秘冲动的驱使前往地下冒险。霍利在电话里沉默了一会儿，然后便大笑了起来。

"好吧，你最好到丛林里来一趟，"她说道，"我们可以谈很多事。"

八月，一场热带风暴聚集到了墨西哥湾。在一个阴暗的、刮风的下午，霍利到伯利兹的机场接我。她大约五十岁，棕色的头发披在肩膀上，眼睛活泼且富有神采。

"希望你不会介意它上面溅了一点儿泥巴。"她说着，朝自己的吉普车点头示意了下。那辆车看着就像是被保险杠拖起后放进了一个泥缸里。

我们从海岸出发，前往坐落于内陆热带雨林中的圣伊格纳西奥小镇，霍利便是在那里设立了自己的研究站。时值雨季，我们在每一个拐弯处都要越过泛起棕色水泡的河流，并激起一波又一波的橙色泥浆。在伯利兹野外工作二十年的经历已经足以让霍利像一个当地人一样了解这片地区，但是却还不能够让她习惯于这片土地的荒蛮。霍利给我讲了一些故事，包括她曾在挖掘点遭遇过持枪抢劫者，在森林中嗅过美洲豹的尿液，也曾就进入圣地问题与当地萨满谈判，在被洪水淹没的林中道路上挖出卡车。此外，她还要躲避蛇、吸血蝙蝠、蝎子，也要躲过携带致命美洲锥虫病（Chagas disease）的"刺客甲虫"。

在我们迂回穿过茂密的翠绿色小山走向森林更深处时，空气变得凉爽而清新起来。我扫视了一下周围的风景，发现树林里到处都隐藏着古玛雅人聚居的痕迹。在玛雅文明的鼎盛时期——大约是 250 年至 950 年——这里正是他们的家园，他们居住在当时世界上最为宏伟的城市里。像蒂卡尔、科潘和帕伦克这样的城市都是依靠山坡上的梯田农场而蓬勃发展起来的。雨季时，土地上一片生机盎然，玛雅人建造了蓄水池网络来为旱季储水。几个世纪以来，他们一直过着富足的生活。古玛雅人还是伟大的数学家，创造了令人惊叹的艺术品，如高出树木水平线的雄伟金字塔和华丽的石头寺庙，以及表面雕刻有历代神君历史的巨大石碑（或称"石柱"）。但和绝大多数文明一样，玛雅文明也经历了衰落。大约在 9 世纪，一场可怕的干旱席卷了中美洲。没有了雨水，庄稼也停止了生长，所有城市里的粮食都难以为继，饥荒造成了数百万人死亡。

"随着情况变得越来越令人绝望，"霍利在车上告诉我，"古玛雅人开始痴迷于洞穴。每件事情都变得与潜入黑暗地带有关。"第二天早上，我们计划去参观一个叫作"水晶坟墓"的洞穴，它是霍利在伯利兹研究的第一个洞穴，她在这个洞穴里发现了古人崇拜黑暗地带的第一个证据。

银灰色的天空低垂着，霍利和我徒步走过了塔皮尔山自然保护区。这片保护区距离圣伊格纳西奥 80 千米左右，是一片茂密而原始的丛林，里面的空气潮湿、闷塞，到处都弥漫着苔藓的气味。我们爬过鼓起的巨大树根，又穿过漫至腰间的河流。鬣蜥在下层灌木丛中轻捷地蹿来蹿去，唐纳雀和巨嘴鸟在我们头顶的树上叽叽喳喳地叫个不停。我们还能听见远处的吼猴阵阵欢快的高喊声。不久后，我们挤过了一堵植被墙，我低头向一个豁开的洞口看去。那是一个表面光滑，形似沙漏的洞孔，入口的边缘处还攀附着藤蔓。一条河流自洞穴入口泄出，静静地流淌在长满青苔的大圆石上。

"玛雅人在自己的艺术作品中把洞穴描画成了一只怪兽的嘴巴，"霍利指着入口上缘处向下凸起的钟乳石说道，"你甚至可以看到怪兽的牙齿。"

沉默了片刻之后，她补充说："它看起来也非常像女性的私处。"

我们从一块大圆石上跳进了一片温暖的、半透明的绿水中，一群小鱼在我们身下瞬间四散而去。我们以蛙泳的方式游进了洞穴的入口，光线逐渐转暗，最后我们陷入了一片漆黑之中。河水在我们周围哗哗地喷涌着，我和霍利逆流而上，一路上爬过了黏滑的大圆石，跳入了急流滚滚的水涡中，还扭动着身体从锁孔槽中间挤了过去。1986 年，英国业余洞穴探险爱好者发现了这座洞穴后，霍利便成了首批研究它的考古学家之一。霍利单纯凭借着自身的肌肉记忆，驾轻就熟地穿行在纷杂的巨石阵中，就像是在跳一种传统的事先编排好的舞蹈。

然后，我们来到了一条巨型的漆黑的走廊，周围一片寂静。头灯的光束就像城市里的聚光灯一样在我们的头顶上方来回交错着。我抬起头想看看是否有蝙蝠在上空俯冲飞翔，或者挂在上方的石头上，但是洞顶实在太高了，我什么也没看到。随着我们的游动，水花被片片激起，扑通扑通地落在了我们身旁的河水中。

向里面游了大约 800 米后，我们漂向了岸边，然后从水中起身爬上了一块石头平台。霍利告诉我脱下靴子，于是，我们便穿着袜子、踮着脚走进了洞穴的中心洞室。只见洞室内环绕着熠熠闪光的钟乳石和石笋，巨大的石柱连接上下，粗壮得就像大树的树干。

当转动头灯光束扫视了一圈房间后，我惊得屏住了呼吸。我看见地板上分布着数百个古老的陶罐，上面涂着黑色和耀目的橙色。有些陶罐像沙滩球那么大，数百年来，已经和地上长出的方解石连在了一起。陶罐中间还散落着石器、翡翠和黑曜石的碎片，以及一些小动物的雕像，比如一个小狗形状的石头哨子。

"所有这些古代手工品都可以追溯到 9 世纪，"霍利说，"追溯到那段干旱时期。"

随后，霍利爬上了安装于洞壁上的铁梯，带我来到了洞穴上方的一间狭窄凹室里。"她在那儿。"她低低地蹲在岩架上说道。我们看着一具人的骨架——那是一位二十岁的女性的尸骨。

"我们叫她水晶少女。"霍利说道。我看着眼前的情景，艰难地吞咽着口水。只见她仰卧在那里，两腿大开着，双手叉着腰，肋骨上还结了一层方解石，闪耀着令人难忘的水晶般的光芒。整副骨架的各个部分都完美地衔接在了一起，只有下巴微开着，露出一个歪斜的凝固了的笑容。

"请注意，这里没有坟墓之类的东西，"霍利斩钉截铁地说，"这并不是一个墓葬。"

然而，水晶少女并不孤单。回到地面上后，我看到地上总共杂乱地散布着十四具骷髅。有两具年轻人的遗骸躺在一块巨大的石笋脚下，两人都身首异处，骨架处于半拆卸的状态，上面还覆盖着一层方解石。他们的附近还躺着一具四十多岁的男性的骨架，他的颞部遭到了重器的连击。我们蹲在这些遇难者旁边，逐一地看着他们。其中，还有一具婴儿的遗骸，化作了一堆细细的小骨头，隐秘地藏在一条黑暗的缝隙中。

所有这些人都是献祭给冥界西瓦尔巴的。

"西瓦尔巴，"在我们蹲在黑暗中时，霍利说道，"不同于我们所认为的地狱。"

对于玛雅人来说，"西瓦尔巴"正如其译文一样，是一个令人"敬畏之地"。它并不抽象，而是地理上一个具体的地方，你可以在地图中指出它的位置。徒步穿越森林时，你可以嗅到西瓦尔巴的气味，可以听到它里面低沉的隆隆声及回音，还可以感觉到微风自其深处吹拂而来。如果顺着一座天坑的岩石洞孔或者一座洞穴的入口爬下去，然后溜进黑暗地带的边界，那你就踏入了西瓦尔巴的内部。你会离开尘世，进入一个完全不同的国度，在那里你面对的将是幽灵、神明以及能量多变的生物。

玛雅人与西瓦尔巴之间的关系真诚、独特，而又夹杂着模糊的情感。在《波波尔·乌》中，玛雅的双胞胎英雄乌纳普和西巴兰奇向下来到西瓦尔巴时，艰难地走过了重重恐怖洞穴：一个洞穴里烈火肆虐，另一个洞穴里插满了匕首，还有一个洞穴里满是走来走去的美洲豹。每前进一步，双胞胎英雄都得与西瓦尔巴的领主们交战。那是一群令人十分讨厌的生物，其中很多名为七死、脓液之主、黄疸之主、血液收集者和刺击之主，他们整日都在地面世界上传播疾病、造成荒芜。然而，尽管地下世界让人望而生畏，但是玛雅人却十分依赖冥界西瓦尔巴。他们离开西瓦尔巴就无法生存，因为雨神查克和西瓦尔巴的领主们生活在一起。

查克是一位冲动而激进的神，他会在森林上空发出道道闪电，释放阵阵惊雷。他也会布雨，没有雨水，玛雅人就无法生存。

几个世纪以来，玛雅人为了满足查克，让他能够继续布雨，在洞口给神留下了礼物。他们会爬到地下，始终待在有光亮的地方，与黑暗地带保持一种安全的距离，然后留下陶罐和神圣的黄麻蜗牛壳作为祭品献给查克。

几个世纪以来，查克也满意于这些礼物。在每年旱季结束、种植期开始时，他便会送来雨水使庄稼生长，玛雅文明也随之繁荣昌盛。

但随后，查克突然抛弃了他们。8世纪和9世纪时，出于玛雅人无法理解的原因，神撤退到了地下世界的隐蔽深处，并拒绝现身。雨水停止了降落，梯田里的庄稼也枯萎了。有一段时间，玛雅人坚持采用曾给祖先带来繁荣的仪式，将陶器和黄

麻蜗牛壳送至洞穴口，但查克无动于衷。于是，他们尝试留下
更丰厚的礼物，送更多的陶器和黄麻蜗牛壳，有时甚至在洞口
献祭一只新鲜的动物，但他们仍然没有得到查克的回应。不久
后，他们绝望了：城市里的孩子在挨饿，人们谈论着要抛弃家园，
向北流浪。他们还有最后一个取悦查克以重获他的青睐的希
望：他们将前往西瓦尔巴，穿入黑暗，在神的领地与之相遇。

　　在霍利和我到达此地的一千两百年前，一小群玛雅人涉水
穿过了"水晶坟墓"的洞口。他们漂浮到了漫射光的远处边缘，
颤抖着犹豫了半晌后，继续向前推进，仿佛要从悬崖边迈下一
样。这些人是祭司，穿着饰有羽毛徽章的长袍。他们瘦削憔悴，
面容枯槁。他们举起盛满玉米的陶罐，抬着磨石，并带着点燃
后会散发芳香的柯巴脂。其中一人在腰间插着一把黑曜石刀。
这群人的中央是一个二十岁的女人，她默默地行走着，河水绕
着她的脖子流淌。

　　他们排成一列，缓慢地向上游行进，燃烧着的松枝在黑暗
中散发出烟雾般的光芒。没有人说话，他们小心翼翼地走着，
每一步都战战兢兢。他们与生活在森林里的每个人一样，从孩
童时起就听说过西瓦尔巴的故事，但这与之有所不同。他们穿
过令人窒息的黑暗，用手指触摸湿润的石墙，看着岩石尖顶的
影子在火炬的光线下摇曳。他们瞥见白化鱼在水中穿梭，听到
了头顶上蝙蝠拍打翅膀的声音。一块石头溅入前方河流，在黑
暗中发出回响时，他们都紧张不已。但他们继续前进着：倘若
有什么东西能哄诱雨神使他不再躲藏，那一定就是这踏入黑暗

的旅程了。

到达洞穴 800 米处时，祭司们从河里站了起来，并步入了中央大厅，用火把照亮了原本隐约可见的钟乳石和石笋。他们摆放好献给查克的礼物，将陶罐从肩上卸了下来，把玉米撒在石头上。他们在准备仪式的过程中点燃了神圣的柯巴脂。随着充满芳香的烟雾袅袅升起充满室内，他们开始向查克吟诵祷文。祭司们围绕着年轻女人，在黑暗中举起了手臂。一名祭司拔出了他的黑曜石刀，并把它举向空中。当他们的声音越来越响亮，并在钟乳石间回荡时，他迅速地放下了它。

穿上靴子后，我和霍利谨慎地爬下了岩石河岸，然后缓缓地回到了河里。我们开始缓慢地以蛙泳的方式向下游游去，与此同时，水滴落在周围的河水中。霍利说道，在"水晶坟墓"洞穴的黑暗地带举行的仪式并非唯一的。在过去的十年里，考古学家们一直记录着在玛雅人领地的黑暗洞穴中发现的祭品的日期。事实上，每件祭品——每只陶罐、每件石器以及每一块活人祭品的骨头——都可追溯至干旱时期。一个被称为"切克姆哈"的洞穴距离"水晶坟墓"洞穴仅一天的步行路程，霍利在那里发现了一块竖立放置于黑暗区域的石碑，它的四周是陶罐和火炬的痕迹，所有这些都可以追溯到 9 世纪。最近，她正在挖掘附近一个被称为"拉斯奎瓦斯"的洞穴，在那里，她发现了精心组装的仪式祭台和台阶，这些都是玛雅人在干旱时期建造的。"不仅在这里——到处都是。"霍利说，甚至连温贝托在巴兰坎奇的密室中发现的祭品也可追溯至 9 世纪。陶罐上雕刻着雨神狰狞的面容。"我们正在谈论一项宏伟的集体仪式，"她说，"这项仪式遍及整片森林。"

顺着河流漂流而下时，我们俩都安静了下来，水在裸露的肩膀上拍打着，霍利的话在我的脑中翻来覆去。一个场景渐渐地浮现在我面前：起初是阴影和轮廓，随后它们锐化了，直至我可以看到它的详尽细节，这是一幅非凡的且让人难忘的画面。我看到了成千上万的朝圣者，他们在最绝望的时刻遍布整个玛雅大地，他们都在移动着，仿佛是单个巨大躯体的一部分。我看见他们像树林里的阴影一样徒步穿越森林，直至抵达一千个不同洞穴的入口。他们在暮色之地蹲伏片刻之后，集体吸了一口气，接着所有人都向前迈入了黑暗。朝圣者们在地下深处跳舞、祈祷、吟唱，他们不同的声音在黑暗中一起响起，仿佛是一个统一的声音。他们献上礼物，摆放玉器和黑曜石祭品，并进行祭祀仪式。他们剖开动物的内脏，把男人、女人及孩子的鲜血洒在潮湿的石地板上。除去场面中的野蛮暴力，除去这是末日景象的事实，我发现自己竟惊叹于这项集体仪式，因为它表现出了惊人的信仰和奉献精神。这是一段完整的文明，在最绝望之际，在死亡逼近之时，人们呼唤着来自地下世界的力量。这个民族热忱地相信，在永恒的黑暗和隆隆的回声中，这些隐秘的小洞室里的神灵是神圣而神奇的，拥有重塑现实的力量。

我顺流而下，想到了所有在我们之前涉水走过这条走廊的古老队伍，想到了所有小心翼翼地穿越这一片黑暗的人们，他们也曾听着相同的声音回荡在洞壁之间。当我让思绪平静下来时，奇怪的事情发生了：水、空气和我的皮肤的温度开始趋于一致，直到三种形式的物质无法区分彼此。在这种怪异的状态下，我发现自己屈服于水流，让自己放松了下来，仿佛身体的边缘正在消融，我再也无法辨别皮肤终于何处，洞穴始于何处。

那天晚上，我和霍利坐在她的研究基地后门廊的野餐桌上。夜晚的空气湿漉漉的，一支香茅蜡烛在我们的面庞上投下了橘黄色的烛光。我们谈论了当天在"水晶坟墓"洞穴的短途旅程，琢磨着追随玛雅人的足迹意味着什么，是什么使他们步入了黑暗，又是什么吸引着我们。

"我们需要神圣感，"霍利长饮一口水后说道，"我们都渴望找到上帝、神灵、灵魂，或魔力——无论你选择如何称呼它，这都是人类与生俱来的需求。"

我们一直是精神物种。18 世纪的埃德蒙·伯克（Edmund Burke）曾写道："人类天生就是一种宗教动物。"从那时起，无论是人类学还是历史学，都不再认为世界上存在不信奉某种形式的宗教的人类社会。今天，鲜有进化生物学家、神学家或认知科学家否认精神冲动是人类本性中固有的、刻骨的特质。从几十万年前智人出现开始，我们就拥有了大脑，它有一个强大而令人兴奋的新皮质，使我们能够形成动物界其他成员无法形成的思想。我们思索着自我的存在，承载着概念理解之外的思想，并与我们无法触摸或无法看到的维度建立关系。在这个星球上穿行时，我们将大量的精力和资源献给了宗教：我们谱写抒情祷文并设计仪式舞蹈以祭拜神灵与灵魂，为祖先修建陵墓，建造通往天堂的尖顶庙宇，还雕刻深入地下的墓穴。英国宗教学者凯伦·阿姆斯特朗（Karen Armstrong）写道，与比自身更强大的事物建立联系的愿望很可能是"人性的决定性特征"。

正是这种冲动首先把我们的祖先吸引到了地下。我们的祖先从史前最黑暗的区域爬进黑暗的洞穴中，以寻求与精神世界的交流。在全世界古老文化的宇宙学中，洞穴环境是现实的精神层面。进入地下就意味着身体步入另一个世界——正如桑部落的人所言，"我们用眼睛所看到的另一个世界"。就像玛雅人在"水晶坟墓"洞穴中所做的那样，我们的祖先在黑暗中四处举行神圣的仪式以召唤超自然的力量。

霍利说："令人惊讶的是，这一传统竟可追溯至距今如此久远的时期。"她告诉我，在西班牙北部阿塔普埃尔卡山脉的一个洞穴里，在黑暗地带的最深处，一队考古学家在一个 12 米深的竖井底部发现了一堆人骨。这处遗址被称作"骨槽"或"骸骨之谷"（Chasm of Bones），其中包含二十具古人类遗骸，它们可追溯至四十三万年至六十万年前，甚至远在智人出现前就已存在了。考古学家在人骨中还发现了一把光灿灿的由红色石英岩制成的手斧，这是一种来自遥远之地的稀有宝石，象征着手斧的特殊性。考古学家将其称为"圣剑"。许多研究者认为这是宗教行为的第一个证据：一项古老的黑暗地带仪式，以向来世之旅致敬。

当然，现代的西方的人不再以这种方式来连接世界。人们处在一个"后启蒙运动"的工业社会——一个拥有科学和技术的民族，对现实的感知大部分基于推理和理性。在过去的几百年里，自笛卡儿、斯宾诺莎及其他启蒙哲学家的第一部著作问世以来，西方文化已逐渐变得更加世俗化了。今天，人们在宗教信仰占据了前现代祖先的全部的生存空间内，看到了宗教占据着一个截然不同的领域和一个主流教义之外的领域。伊利亚德写道："现代人已忘记了宗教信仰。"

当从洞口落下时，在任何理性思维的范围内，我们都不相信自己正在脱离尘世境界而进入精神世界。但我们的步调与那些相信于此的人的一致。我们遵循着与祖先相同的立足点，以同样的角度弯腰爬行、扭动身体，并听到自己的声音的回声，以同样的方式对着石墙感受自己的呼吸。在我们进入黑暗的途中，我们会不知情地表演着古老的仪式，有时会跟随古老的舞步直至最后一个动作。我们与祖先有着相同的身体与思想，经历着同样的感官体验，这些体验对我们而言就像它们对于我们的祖先一样令人费解、不安和兴奋。在我们的理性思维中——根据西方科学家数世纪以来磨炼出的自然法则——我们把这些感觉归因于生物节律的变化，归因于我们神经系统各部分的激活或抑制情况。但在意识的深层，我们感受到某些东西在理性之下战栗。"毫无疑问，当我们处于洞穴的黑暗中时，"霍利说，"我们的某些东西发生了变化。我们能以前所未有的方式面对自己，并与世界互动。"

罗伯特·贝拉在《宗教的演变》中写道："没有什么是永

远失去的。"即使我们在历史进程中积累了新的哲学和信条，我们祖先信仰的基本结构也从未完全消失，而是始终完整保存于我们内心之中，无论被埋得多深。我们与洞穴的联系很可能是我们最普遍、最深刻的，或许也是最初的宗教传统，也就是说，它投下了一道长长的阴影。无论我们认为自己有多么现代、文明或进步，当我们爬入洞穴时，便会感到内心有某种原始的躁动。我们陷入了一种远古的肌肉记忆，回归到一种更直观的动物模式：数个世纪的理性、科学和经验主义迅速淹没在数十万年的本能和进化条件之下。塞内加在《洞穴黑暗》中写道，你会情不自禁地"感觉自己的灵魂被宗教恐惧攫住"。即使是最理性、最唯物和立场最为坚定的无神论者，在他们爬进地下的黑暗地带时，你也会听到他们把音量降低如耳语——他们在潜意识的某个地方感受到了敬畏、无限和神秘，将洞穴视为一方圣地。今天，我们或许不会在洞穴的黑暗地带举行神圣的仪式，或许不再知晓曾在那里念诵的仪式性祈祷，但我们仍然将他们的回声铭记于脑海深处——古老的宇宙观在我们心中根深蒂固。正如巴什拉所言："我们发现自己存在于一个指引并包围我们的最初梦想的形式之中。"

"这所有的一切都不会在一夜之间消失殆尽。"霍利说，她的面容在黑暗中浮现出一丝微笑。我们不再像祖先在古时那样谈论苍穹或天文领域，但正如哲学家亨利·勒菲弗（Henri Lefebvre）所写的那样，我们并未放弃对地下世界的信念，并认为它是一方强大之地，"充满了神奇的宗教实体，充满了邪恶或仁慈的神灵，他们或男或女，与大地或地下世界（死者）联系在一起，并受制于仪式和礼节形式主义"。在法国西南部，每年有六百万基督徒前往卢尔德朝圣，他们在卢尔德跟随队伍进入一个小山洞中。据传，在山洞里，曾有一位少女目睹了圣母马利亚显灵。此外，每年有数以千计的朝圣者前往爱尔兰德格湖的圣站岛，在上帝向圣帕特里克（Saint Patrick）揭示洞穴景象之地漫步。在欧洲几乎所有的教堂中，人们在进行弥撒仪式时跪拜的长椅正下方都有一个秘密小室——隐秘但完好无损——古时人们在这里赞颂地球的神秘。

数十万年来，我们与地下世界生动而令人困惑的联系并未减少，且永远不会减少。我们总能感受到从世界上被埋葬的地方散发出的宁静光辉：它可能是令人生畏的，也可能是令人着迷的，但我们永远不会挪开目光。乔治·斯坦纳（George Steiner）描写过一种隐匿的"世界结构中的超凡存在"——地下世界就是这种存在。就像我们的祖先一样，我们总是被一种平静的渴望吸引到地下，以抵达超越世俗、超越有序现实之所，并触及比我们自己更伟大的事物。旧石器时代的狩猎采集者凭借火炬之光爬进洞穴深处，巴黎的城市探险者在地下墓穴中漫游，纽约的行人在街道上敞开的井口前徘徊，所有人都在某一深深的根源处被同样的基本渴望所激励。

和霍利道了晚安后，我爬上了研究基地的双层床，醒着在床上躺了一段时间。当我在窗前聆听微风从山上传来的叹息时，思绪慢慢地转变过来。我看到这些年来同我一起探索的及我仰慕的历史上的所有地下信徒，他们都以这样或那样的形式寻求超越。米歇尔·西弗尔，他试图在黑暗地带摆脱生物节律；REVS，他在城市深处制作秘密艺术品；威廉·利特尔，他在自家房屋下挖洞，仿佛在挖掘一个平行空间；约翰·克利夫·西姆斯，他在寻求陆地生物；纳达尔，他捕捉到了巴黎不可见地层的图像；史蒂夫·邓肯，他走过古老溪流途经的小径，穿过城市下方静谧的黑暗。他们都爬至地下探寻神秘，找寻与现实世界之外的事物的联系。那晚我睡着了，梦见了这些探索者的先辈赫尔墨斯，他毫不避讳地在这个世界和另一个世界间飞来飞去，可以看见我们看不见的事物。

离开伯利兹后，我沿着一条布满车辙的长路向北而去——乘坐夜间巴士，接着是一辆摇摇晃晃的小货车，继而是一辆由老人驾驶的旅行车，老人名叫豪尔赫——横穿墨西哥边境，直到抵达尤卡坦的山洞。一天下午，我在烈日之下来到了巴兰坎奇洞口，发现自己正坐在温贝托对面。他现在已经七十多岁了，但看上去仍然很像我找到的一张他年轻时在洞穴中爬行的照片里的样子：窄肩、整洁，头发梳成完美的高卷发型。

"当我还是小男孩时，坐在这里度过了很长一段时间。"他说着，眼里满含平静的温暖。他身后是洞穴入口：曾经藏匿在野生蕨类植物下面，现在为游客配备了通往一扇铁门的铺砌台阶。

我告诉温贝托我来见他的缘由，告诉他我意外地喜欢上了自己小时候在家附近发现的一条隧道，在那里我发现了被置于黑暗中的水桶祭坛，水从天花板上滴答滴答地流下来。我告诉他，那条隧道已在我的脑海里留下了烙印，我花费了多年的时间试图去理解它。

"我懂了。"温贝托平静地笑着说。

"我了解这个地方，仿佛它就是我的家，"他说，"那天，我撞破了墙壁，就像在自己的房子里发现了一个隐秘的房间。对我而言，它改变了许多事情。"

温贝托告诉我，在整个森林的玛雅村庄里，人们开始就他的事窃窃私语。他们说，一位年轻人进入了地下世界，在那里打开了一间密室，并与强大的先灵取得了联系，随后他回到了地面，身上却没有任何痕迹。他们说，他是神选之人，并被赋予了一种能看见旁人看不到的事物的能力。村子里的人召唤温贝托前去调查丛林中的其他人都不敢探访的洞穴。他们会说，你是唯一一个能去的人。他成了一个洞穴探险者，在森林里从一个村庄到另一个村庄。他借助手电筒爬向地下，在黑暗中探索，随后再度出现在地面，向村民们汇报他的发现。

"我不认为自己走进了地下世界，"温贝托说，"我不认为我有精神上的转变，这些不是我的信仰。但在某些方面……"

他顿了一下。"在发现它时，我还是个年轻人，没有妻子，没有女朋友。我只在这几个地方之间移动，我的世界很小。"他说着，手指攥成了拳头。

"当我冲破那堵墙时，许多东西随之为我而打开。"他张开手指，"如果这个密室存在的话，那么其他地方还有待发现——似乎很多事情都是可能的。"

发现密室之后，温贝托重新回到了导游的工作岗位，虽然做回了他原来的工作，但情况有所不同。他曾带领游客穿越荒废的丛林城市，爬上阶梯金字塔，并进入宁静的石砌庭院，但现在他劝他们慢慢走过去，逗留一下，去更近距离地观察它们。这些空间中有一个隐秘的维度，它没有立即呈现出来，但它包含整个宇宙历史、神话和感觉。"我想让人们看到超越他们面前事物的东西。"温贝托说。

我们俩都安静了下来，坐在树荫下，聆听昆虫在我们周围嗡嗡作响之声。然后，温贝托站了起来，拉开了通往巴兰坎奇的门，使一条黑暗的地下通道显露了出来，他示意我进去。

"我不想再走进洞穴里了。"他说道。他又解释道，地下的空气稠密潮湿；随着年龄的增长，他已经难以在地下呼吸。

我提出抗议，但他拒绝了我。"你去吧。"他说。

我从洞口走向黑暗之中，轻轻地踩在光滑的石地板上。我走过半世纪前温贝托打破的砖墙的门槛。我往下走啊走，周围的空气越来越浓，水分越来越密，直到在我的脚下形成一团团薄雾。走进洞穴中心时，我停在了巨柱脚下，它就像一棵古树在我上方升起，它那遒劲的树枝在头顶伸展开来。巨柱脚下，陶罐仍按照多年前温贝托第一次见到它们时的样子排列着。水从天花板上滴下来，当伫立在黑暗中，听着陶罐周围轻柔的水滴声时，我感觉自己置身在普罗维登斯的隧道中的水桶祭坛前。我想起了我那天感受到的那道闪电，也想起了很久以前温贝托感受到的闪电。我还想到了从旧石器时代至今世上的无数人们，他们爬下洞穴、墓穴、陵墓和隧道，在黑暗中感受到了同样的闪电。"我这一生都是一鼎钟，"安妮·迪拉德曾如是写道，"直至我被举起并被敲响的那一刻，我才意识到了这一点。"

某些事物在美国已经凋零了。西方人对这个世界变得冷酷无情，对自然界某些朦胧的肌理也变得麻木不仁，对大卫·亚伯兰（David Abram）所说的"大地的歌唱、哭泣和姿态"变得呆滞迟钝。在过去的许多年里，在我涉猎最深层次的祖先传统之时，从土著歌谣到马格达林期的隐秘仪式，再到拉科塔的新兴神话，我看到我们与最初塑造人类的事物之间的距离是多么遥远，我们是多么地远离自己最深层次的本能与冲动。我发现古老的方式正是在我们与地下世界的联系中才得以幸存。在地下的黑暗中，迷失的记忆隆隆觉醒。我们变得生涩而脆弱，敏感于世界的柔和魅力，习惯于内心平静的部分。我们恢复了对世界感到震惊、困惑和敬畏的能力。如安妮·卡森（Anne Carson）所写："灵魂入口的大门敞开了。"地下世界保存着祖先最初梦想的形状，向我们打开了一个先于知识和记忆的世界。用爱德华·埃斯特林·卡明斯（Edward Estlin Cummings）的话来说就是，它使我们回到了"根之根，芽之芽"的世界。

地下世界教导我们尊重秘密。我们生活在一个痴迷于光明的世界里，用泛光灯照亮每一个秘密，努力揭示每一道沟壑，根除黑暗的每一丝痕迹，仿佛黑暗是一种害虫。在与地下空间的联系中，我们减少了对未知事物的怀疑，认识到了并非所有的事物都需要被揭露。地下世界帮助我们接受这一事实：
事物总会有缺陷，总会有盲点。它提醒着我们，我们是无序
的非理性生物，容易受制于神奇的思维、飞逝的梦境以及反
复的迷失，而这些正是我们最大的天赋；它也提醒着我们，
我们的祖先一直都知道，在未说或未见之地，存在永恒的力
量和美丽。

我并非以朝圣者的身份前往地下。我并未去执行任何神秘
的使命，也未去重拾神圣的智慧。但当我在黑暗中摸索之时，
我感到周围的世界在改变，它像巨大的折纸雕塑一样弯曲、折
叠与伸展。我开始明白，与其说现实是实体的，倒不如说它是
虚无的。我们在日常生活中看到的和接触到的具体表面只是众
多层面中的一个，其余的层面都被遮住了。正如史蒂夫·邓肯
对纽约的描述一样，我经历了整个世界：一个巨大的有机体在
颤抖、移动，我们仅能窥探到其中的一小部分。每一处风景都
给人一种鬼魅般的感觉，充满了让人无法察觉的活力和力量。
地下世界帮助我认识世界上难以言喻的缝隙，教会我在阴影中
平和端坐，并拥抱介于经验主义和幻想主义之间的思维模式。
地下世界教导我不应在神的面前退缩，而应面对它、正视它。
我已与神相遇，不是因为有恢宏的声音从云端传来，而是因为
一个隐秘的拥抱，因为对某些黑暗洞穴的认知，即使它们从未
被我们看见，我们也会一直感受到它们的力量。

今天，当我穿行世界时，我感受到了下方空间的存在，并
被提醒着：我们的存在仍旧会被一些谜团和现实所困扰，世界

已远远超出了我们的认知范围。日复一日，没有什么能让我如此精力充沛，并且满怀希望与慈悲。牧师兼生态学家托马斯·贝里（Thomas Berry）曾写道，终其一生在世界各个地方寻觅真理和意义时，"我们就像一个音乐家，只能隐约听到心灵深处的一段旋律，而无法清晰地将其演奏出来"。在地下的黑暗中，我学会了聆听那微弱的旋律——我了解到无数美妙之音，而它们却无法被弹奏出来。

致 谢

但丁前往地狱，向下穿过一层又一层的分界，最终到达了寒冰地狱科奇土斯湖的冰岸，若是没有诗人维吉尔的指引，此行是不可能完成的。在做报道和写这本书的这些年里，我很幸运遇到了一大群"维吉尔"：他们带着我走过了陌生的风景，深夜跟我聊天，为我鼓劲，帮我阅读凌乱的书稿，还给予了我大大小小的灵感启迪。没有他们，这本书就不会存在。

感谢那些探险家、科学家，以及艺术家，他们耗费时间带我进入地下，总是去往一些神圣的、保密的，或者说敏感的空间里。感谢奥特向我介绍那条隧道，它最终改变了我的人生轨迹。感谢史蒂夫·邓肯成为我在纽约地下世界的老师。感谢拉塞尔总是为我深夜前往隧道做好准备。感谢吉勒斯·托马斯介绍我去往巴黎地下墓穴，有一次他还清除了一枚地下烟幕弹。感谢卢卡·卡蒂塔耐心地教我使用安全降落装置。感谢桑福德地下研究中心和地下生命研究团队的好心人在地下深处保护了我的安全。感谢西纳·贝尔·伊格尔在黑山陪了我很长时间。我要深深地感谢科林·哈姆雷特及其家人，他们向我分享了他们的历史，还请我吃了炖袋鼠肉。感谢克里斯·尼古拉把我引见给周围的人，还允许我提出了很多关于黑暗的疑问。感谢玛丽亚·亚历杭德拉·佩雷斯让我明白了洞穴探险者拥有多变的心态。感谢罗贝尔·贝古昂伯爵带我去看野牛雕塑。感谢很多REVS 的追随者在全城都给我留下了暗示和线索。感谢温贝托和我一起追忆旧日时光。感谢霍利·莫伊斯帮助我看到了黑暗地带的魔力。

　　我还要感谢以下人员，他们接听我的电话，回答我的问题，给我就有关事物做介绍，传授我相关知识，借给我沙发和地板来休息，或者提供其他方面的支持：克雷格·霍尔、蒂基·霍尔、沃尔特·特辛克尔、蕾娜·萨维奇、菲利普·琼斯、维姬·温顿、雷切尔·波佩尔卡 - 菲尔科夫、里克·戴维斯、保罗·塔松、安德烈亚斯·帕斯托尔斯、让·克罗特斯、玛格丽特·康基、梅根·比塞尔、尤金妮亚·曼 - 泽拉、摩西·盖茨、杰斯·曼德拉、莉兹·拉什、克里斯·莫菲特、皮尼洛普·波士顿、冉·阿曼德、凯提林·凯撒、布列塔尼·克鲁格、德安·莫瑟、汤姆·里根、法国摄影协会、哈谢特、拉扎尔、卡特、赛琳娜·麦克马汉、吉列尔莫·德·安达、卡罗琳·博伊德、德里克·福特、凯蒂·帕拉、"地下教皇"、亨利·查尔凡特、尤利娅·乌斯蒂 - 诺娃、阿德里亚诺·莫拉比托、艾玛·维瑟菲罗夫、莫斯科怀特、鲍里斯、罗曼、约翰·朗吉诺、柏林·昂特韦尔顿、米歇尔·西弗尔、克里斯蒂安·罗格南特、约书亚·霍洛维茨、斯特凡·坎佩、E. J. 奥尔布赖特、克里斯蒂安·马莫尔斯坦、珍妮·舒勒、格斯·雅各布斯、汤姆和弗兰·雅各布斯、莉娜·米西齐斯、娜塔莉·雷耶斯、泰勒·斯佩里、雷切尔·约德、迪克·韦弗、日瓦戈·邓肯、卡罗·克拉克、西拉·迪斯莫尔。

在写作上，我要感谢我的代理人斯图尔特·克里切夫斯基，他在看到一篇简单提到我姓名的新闻后，便聘用了我，此后一直都陪伴着我。在创作这本书的过程中，我感激他始终如一的信任，以及他无与伦比的风度言行和社交手段，这在漫长的写作道路上帮助我克服了许多阻碍。我还要感谢 S. K. 机构的罗丝·哈里斯、劳拉·厄塞尔曼以及每一位在幕后给我提供帮助的人。我感激兰登书屋的许多同人，尤其是朱莉·格劳，她让这本书得以出版发行。我也感激安妮·沙尼奥、陈梦菲以及整个制作和设计团队，他们耐心地完成了这本书出版的最后步骤。萨曼莎·温伯格、塔莎·艾琴谢尔以及迪尔德丽·福利‑门德尔松都分别在《智慧生活》《发现》以及《巴黎评论》这些杂志上编选了本书的部分内容。

如果没有一圈作家、朋友和导师从四面八方给予了我极大的写作支持、情感依托和无限关爱的话，这本书将是一团糟。感谢那些教会我写作的人，尤为感谢凯瑟琳·里德、史黛西·卡萨里诺、克里斯·肖、苏克图·梅塔、罗布·博因顿、凯蒂·洛芙和泰德·康诺弗。马特·乌尔夫是我写这本书的参谋人，他读过的烂草稿比任何人读过的都多，而且他总是能耐心回应我，给予我智慧且敏锐的反馈。罗布·摩尔、克里斯·克纳普以及伊莱安娜·坎都对书中的部分内容进行了必要的提升，尤其是在最关键的地方。艾米莉亚·熊贝克、尼科尔·帕苏尔卡、科迪·厄普顿、希瑟·罗杰斯和利奥·罗杰斯分布在布鲁克林的各处，他们在客厅和厨房中修改我的草稿，鼓舞我，安慰我，还开会讨论草稿内容。利兹·弗洛克赠我威士忌来鼓励我。阿莱格拉·科里尔一路支持着我，阅读我的稿子，告诉我哪个地方写得无聊。谢谢你们！

纽约大学公共知识研究所授予了我使用图书馆的特权，还给了我一个座位以完成本书，也就是说他们允许我像一个眼窝深陷的夜间怪物一样夜晚偷偷潜入研究所的大厅。麦克道威尔文艺营给了我一个能在树林里安静思考的地方；纽约艺术基金会资助了我的研究。若不是有幸得到了托马斯·J.沃森基金会的资金支持，助我开启第一次地下探险，打开了我与地下世界的联系，这本书绝不会存在。

最后，感谢我的家人，我爱你们！我要感谢妹妹卡洛琳、妹夫泰勒·拉格尔斯和我的小侄子亨利·拉格尔斯。不管小亨利喜不喜欢，他总有一天会读这本书的。我要感谢祖母卡罗尔·亨特以及我的父母彼得和贝琪·亨特，他们以一切可能的方式处处支持着我。还有，谢谢你，艾莎，你是个奇迹！